日経225

17の5

稼ぎ方

～株価指数先物・オプション投資～

堀川秀樹

standards

はじめに

　私が証券会社に入社し、初めて日経225先物や日経225オプションの売買を目にしてから、早くも30年になります。当時は機関投資家やごく少数の大口投資家しか参加できない敷居の高い先物オプション市場でしたが、2004年頃からネットで個人投資家も手軽にネット売買で参加できるようになり、現在では個人投資家の資産運用における投資先のひとつとして完全に確立されてきた感があります。

　「自分でお金を運用して利益を上げる実力を身につけたい」と夢を持って金融業界に飛び込んだ私ですが、デリバティブ運用の世界で知識と経験を積む機会にも恵まれ、そのダイナミックな値動きや面白さにすぐに魅了されました。先物取引では相場の方向を予測し果敢にリスクを取って成果をストレートに享受できること、オプション取引では自分の相場観を戦略として形にしてポジションを組み替えていく面白さがあったからです。

　本書を手にした読者の皆さんにも「日経225先物＆オプション運用」で利益を上げて頂きたいと強く思い、これまで私が資産運用の実戦で培ってきた知識や経験、売買テクニックなど、その使いどころや考え方などを惜しみなく盛り込んだ内容となっています。これから売買を本格的に始めてみたいと考える方にもわかりやすく、投資経験も十分にあるがもう一段の運用力や知識レベルをアップさせたいと考える投資家にとっても、実戦で役に立ち利益につながる内容にしてあります。

　先物やオプション取引は大きなリターンが期待できる一方で、その投資のリスクも十分に理解して細心の注意を払って売買を行う必要があります。本書では勝つための方法やテクニックを紹介するだけではなく、リスク管理の面から売買を休むべきタイミングや、不利な状況に陥った場面での撤退の仕方までを詳しく解説しました。投資家にとっては攻めと守り両方の知識を身につけることが勝利への近道であり、勝てるチャンスの局面では積極的にリスクを取って大きなリターンを狙って欲しいと思います。相場の変化に合わせて投資家自身も進化して頂き、本書を手にした皆様が相場で勝ち続けるための一助となれば幸いです。

堀川秀樹

本書の 読 み 方

本書は、日経225を中心に株価指数先物およびオプション投資を対象にして、著者が長年の経験や知識、手法を技として紹介しています。

「各見出し」は、その技を行うことで得られる効果を前面に出しすことで、その技に興味をもった読者に読んでもらうことを前提にしています。

「通し番号」は、株価指数先物、およびオプション投資毎に振り分けています。これは本文などにおいて、関係する技も併せて確認できるよう「先物の00参照」「オプションの00参照」と入れています。

通し番号の下にある「アイコン」は、「期間が決まっている技」「リスクが特に高い技」である場合に入れています。

欄外の「用語解説」には、必要に応じ、その技内で触れた言葉を解説していますので、参考にしていただければ幸いです。

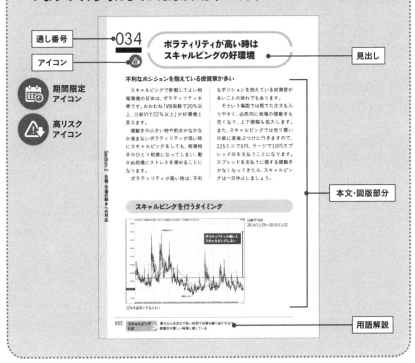

- 通し番号
- アイコン
- 期間限定アイコン
- 高リスクアイコン
- 見出し
- 本文・図版部分
- 用語解説

目次

株価指数先物

Section.1

基本テクニック

Section.2

市場の動きへの対応 ·········· 45

Section.3

手法 ……………………………………………………… 83

オプション投資 …… 105

Section.4

基本テクニック …… 109

Section.5

市場の動きへの対応 ……… 161

Section.6

手法 ················ 183

お読みください

●株価指数先物およびオプション投資は、レバレッジを利用した証拠金取引です。資金を超える損失が発生するリスクを伴います。

●本書は情報の提供を目的としたもので、その手法や知識について、勧誘や売買を推奨するものではありません。

●本書で解説している内容に関して万全を期しておりますが、その情報の正確性及び完全性を保証するものではありません。

●製作、販売、および著者は、本書の情報による投資の結果に責任を負いません。実際の投資にはご自身の判断と責任でご判断ください。

株価指数先物

基本テクニック
市場の動きへの対応
手法

株価指数先物投資の技
概要

方向を当てることが収益に直結する

株価指数先物投資はFX取引と同様に方向性を当てる投資ゲームであり、動かない相場では利益を上げられません。売買するにあたって投資家はその値動きとスピードに対応するために、自分が取っているリスクを十分に認識し、建玉後は決済という最終着地を行うまでのポジション管理が重要です。

また、予想した方向は当たっているのに動き出しが遅れると、利益を減らすばかりではなく、損失になる場合もあります。ここで紹介する内容は、これらリスク管理の観点から、建玉を持つ前に自分がどういう考え方を持って売買に臨むべきなのか、どのタイミングで売買するのが適切なのかを解説しています。

建玉後のポジション管理を徹底して解説

値動きが損益に直結する先物取引では、ポジション管理が非常に重要です。建玉後は躊躇なくロスカットができるように自己を律することが重要です。また、証拠金取引である先物はレバレッジを効かせて売買しますのでその点でも非常にリスクが高い商品であり、特に短期的な需給は誰にも読み切れるものではありません。日々の売買の中では、突発的な相場の急変にも度々遭遇するでしょうから、勝ち負けを

繰り返す中で最後に利益を残せるよう、常に「損小＆利大」を心掛けて
売買しなければいけません。

トレンドの認識と相場を 動かす材料について考える

本書では投資家が売買する上で知っておくべき知識や、投資家が払う
べき着眼点についても解説しています。トレンドの認識は投資家の採
用する時間軸によって変わりますので、トレンドフォローで儲けを狙
うのか、逆張りで儲けを狙うのかはその時の相場状況に応じて変わり
ます。肝心なのは今がトレンドの出ている相場なのか、揉み合い相場
なのかを見間違わないことです。
先物は売りでも買いでも儲けられますが、安易にポジションを持って
簡単に儲けられるほど甘い世界ではありません。相場の方向性を推測
する上で何を材料にすればよいかをしっかり確認して下さい。

建玉をするタイミングは 過去データから手順と考え方を解説

「市場の動きへの対応」では先物の動きに大きな影響がある特殊需給の
実際例や、季節的なアノマリーなど是非とも覚えておいて欲しいポイン
トを繰り返し紹介しています。日経平均株価などはそのボラティリティ
の高さが海外投資家にとっては魅力的とされ、大口投資家がある程度

まとまった数量の注文を現物株や先物に出せば、比較的容易に指数を動かせてしまうのが実情です。彼らは日経225オプションと日経平均先物を絡めたポジションを組んだ後に、自分に有利なSQ（決済日に用いられる価格を示した指数）となるように、SQ算出の寄り付きに指数寄与度の高い銘柄に大口の現物株注文を出したりもします。前もって特殊な動きになっていないかを察知することも利益につながります。

シナリオを自分でどう組み立てるか 実戦の売買手法を解説

「手法」では実際に先物売買で使える儲けるためのテクニックを紹介しています。どのような場面で上昇や下落がしやすいのか、筆者の経験則から本当に使えるテクニカル指標の利用の仕方なども交えて戦略も紹介しています。また、相場に大きな水準訂正が起きた場合には、実際に綺麗なトレンドが大きく出ることもあり、その流れに便乗できれば一気に莫大な利益を手にすることが出来ます。需給が形となって現れるチャート分析には日々しっかり時間を割いて、次のチャートがどう出るのかを自分でシナリオを立てられるようになりましょう。

株価指数先物

Section.1
先物・基本テクニック

001 先物売買では建玉総額で リスク管理する

69万円の証拠金は2200万円分のリスクと知ろう

レバレッジ投資の先物取引では無意識のうちにリスクを取り過ぎてしまいがちです。2019年10月11日現在、日経225先物の場合ですと必要証拠金69万円でラージを1枚買えますが、これは日経平均22000円の1000倍で買うことを意味します。つまり2200万円分の日経平均を買っているのと同じリスクです。もし翌日に建玉を持ち越すとなると、オーバーナイトによる市場変動リスクにも晒されます。

仮に2%の市場変動が起きた場合には、差し入れ証拠金である69万円が2%増減するのではなく、建玉総額2200万円が2%増減し44万円の損益変動になります。望まぬ方向に相場が動いた場合には、差し入れ証拠金69万円が25万円まで減ってしまうのです。

売買に熱中するあまり、差し入れ証拠金の目一杯まで建玉枚数を増やして、過剰なリスクを取らぬよう常に建玉総額をイメージして売買しましょう。

先物のリスク

日経225ミニ1枚買い＝22000円×100倍（レバレッジの倍率）
＝220万円分の建玉総額
日経225ラージ1枚買い＝22000円×1000倍（レバレッジの倍率）
＝2200万円分の建玉総額

ラージ1枚の必要証拠金は69万円（2019年10月現在）
69万円で2200万円のリスクを取っている

日経225先物が2%下落すると44万円の評価損

69万円（差し入れ証拠金）－44万円（評価損）
＝25万円（下落時証拠金残高）
ラージ1枚買いを継続するには44万円の追加証拠金（追証）を
入れる必要がある

002

大引け後の売買手口から投機筋の狙いがわかる

CTAが仕掛けると相場変動が起きやすい

CTA(Commodity Trading Advisor)は、商品先物投資顧問のことで、投機家から預かった資金でファンド運用を行います。商品先物以外にも、株、債券、為替、指数先物オプションなどを使い利益をあげようとする短期の投機筋で、成功報酬制での契約が一般的とされており、レバレッジ運用を行って最大限のリターンを狙ってきます。市場ではCTAが動くと相場も大きく動くと言われ、日本市場では日経225先物やTOPIX先物がその変動率の高さから主に投資対象

となっています。

CTAの注文は、主にクレディスイス、ゴールドマンサックスなど外資系の証券会社を通して出されます。大引け後の日経225先物、TOPIX先物の売買手口をチェックして、特定の外資系証券から数千枚、一万枚超と大きくポジションを傾けてきた時は要注意です。

これら先物の売買手口はトレーダーズ・ウェブで無料でみられます。投機筋がどちらの方向を狙っているのか推測できます。

CTAの注文をチェックする

トレーダーズ・ウェブ https://www.traders.co.jp/domestic_stocks/invest_tool/futures/futures_top.asp

本日の先物取引情報（11月22日分）								
証券会社名	225 12月限			TOPIX 12月限			225ミニ 12月限		
	SELL	BUY	NET	SELL	BUY	NET	SELL	BUY	NET
野村	1536	2510	974	2119	1555	-564	3764	3256	-508
ゴールドマン	331	701	370	598	1985	1387	-	2585	2585
ＳＭＢＣ日興	63	349	286	288	290	2			
ＪＰモルガン	321	485	164	2748	1708	-1040	2943	3838	895
ドイツ	359	516	157	906	1133	227	-	2025	2025
ＨＳＢＣ	-	111	111						
岡三	-	98	98				4867	4667	-200
バークレイズ	333	412	79	3563	1054	-2509	3889	3109	-780
松井	360	405	45				16179	16011	-168
ソシエテ	10567	10607	40	12113	15346	3233	116197	117642	1445

上位5社程度は毎日チェックしよう

CTAがよく使う証券会社はクレディスイス証券 ゴールドマンサックス証券

Section.1 先物・基本テクニック

003

一文抜きは簡単だが
手数料次第で損をする

ロスカットをワンティックで済ますのが難しい

　先物取引において短時間で勝つ方法、それはいわゆる一文抜きです。

　例えば日経ミニ先物の場合、21000円で買って21005円で売ればワンティック分の500円儲かります。板の薄い時にはこれを何度か繰り返し、小口に利益を重ねるのはさほど難しいことではありません。ただし、これを繰り返すと、必ず証券会社に支払う手数料分は確実に損をしていきます。

　この手法の問題点は、評価損を抱えた時に、利益と同じワンティックでロスカットするのが難しいことです。「勝つ時は最小値幅、損する時はより大きな値幅」だと、勝率5割ではマイナスになってしまいます。ワンティックを狙う売買では、一定期間プラスが続いたとしても運の要素が大きく、結局トータルでは勝てません。一文抜きで大きく財を成した投資家はいないと考えましょう。

簡単なようで難しい一文抜き

日経225先物ミニ
2019/11/22

最小値幅を抜く売買の勝率はおよそ勝率50%。
だが、ロスカット幅も同じ値幅で切れないと勝率50％では手数料分がマイナスになる

Section.1　先物・基本テクニック

004 損小利大を目指すために必要な考え

勝率よりもTOTALでの儲けが重要

先物取引では勝率は高いに越したことはありませんが、50％を下回っていても何ら問題はありません。（利益）×回数-（損失）×回数でTOTAL損益が決まります。1回の利益で100円幅を取れば、20円幅で3回負けたとしても1勝3敗の勝率25％でTOTAL損益は+40円になります。

先物取引で勝つコツは、「損小利大」の売買を繰り返すことに尽きます。売買する際には、勝ち数を増や

すことよりも、TOTAL損益としての収益を増やすことが目標だと心して売買しましょう。

損小を目指すには、許容できる評価損の額をあらかじめ決めておき、ルールに従ってロスカットを確実に行うことです。大きな損失を出して市場から一発退場とならないように注意しましょう。

TOTALの儲けで「損小利大」を見る

（利益）× 回数 －（損失）× 回数＝最終損益

勝率が高くても TOTAL で勝てるとは限らない

1 回 ×100 円＝ 100 円

3 回 × － 20 円＝－ 60 円

1 勝 3 敗の勝率 25％でも TOTAL40 円の利益

損小＆利大のポイント
・ロスカットルールを守る
・利食い幅＞損切り幅を常に意識

005

あらかじめ自分が取引する時間軸を決めておく

手法の定着にはぶれないことが重要

投資家ごとに秒単位、分単位で決済する超短期の売買とするか、一日の中で決済するデイトレで売買するか、それとも何日か持ち越すスイングトレードにするかは千差万別です。

肝心なのはあらかじめ自分が売買する時間軸を決めておくことです。短期売買のつもりで参戦したのに、評価損を抱えてもズルズルと建て玉を持ち続け、損失が拡大してしまうことが往々にして起きます。それを回避するには、ロスカット幅とともに時間軸でもルールを定めておきましょう。

日計り売買で参戦したら、大引けまでに必ず決済しましょう。評価損の建玉を長く保有して延長戦での逆転を望んではいけません。

先物の売買を開始する際には、あらかじめ自分独自のルールをいくつか決めておきましょう。

例えば、建玉後から手仕舞いまでの時間を決めておくか、もしくはロスカットや利食いを行う値幅、一日の利益目標に到達したら売買を終了するといったことなどもルールになります。

手法の時間軸は変えない

時間軸	上下値幅	投資リスク
5分足	小	小
30分足	↓	↓
1時間足	↓	↓
日足	大	大

自分独自のルール作りも重要

※マーケットに入っている時間が長いほど価格変動のリスクは高くなる

006

現物取引でも 先物チャートを重視する

現物株より先物が先に動く

先物は株式取引に使われる日経平均や銘柄などの現物指数の派生商品として生まれましたが、実際の値動きでは先物が先行して動きます。

先物と現物指数のチャートの値動きに瞬間的に差が生じると、裁定取引のチャンスが生まれます。裁定取引を行う業者は、先物を約定させてから現物の発注を行います。現物株を先に発注することはまずありません。先物が先に動くので、瞬間的に置き去りにされた現物指数に割高、割安の状態が生じ、その乖離を取りに行くのが裁定業者なのです。

日足のローソク足で比較してみるとわかりますが、現物指数は陽線でも、先物のローソク足は陰線や十字足で終わることがあります。そういう場面では、先行して動く先物のローソク足を重要視し、相場の先行きに行き詰まり感が出てきたと判断します。

先物が現物より先に動く例

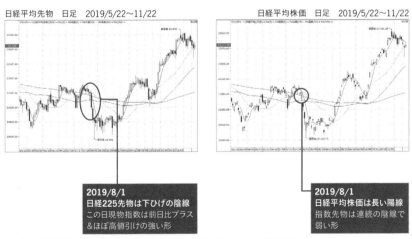

日経平均先物　日足　2019/5/22〜11/22

日経平均株価　日足　2019/5/22〜11/22

2019/8/1
日経225先物は下ひげの陰線
この日現物指数は前日比プラス
&ほぼ高値引けの強い形

2019/8/1
日経平均株価は長い陽線
指数先物は連続の陰線で
弱い形

その後の動きを確認すると連続下落が現物でも起こる→先物を見ていた方が正解だった

007

逆張りよりトレンドフォローの方が儲け易い

トレンドフォローの方が大きな値幅が狙いやすい

基本的にトレンドフォローは攻め、逆張りは受け身の戦略です。

先物は一旦動き出すと大きなトレンドになることがあります。ダラダラした揉み合いやレンジ相場が続くと推測して逆張り戦略を用いると、何往復か取るには時間がかかります。一方、トレンドの発生とみて果敢に仕掛けるトレンドフォロー戦略は、ダマシに合うこともありますが大きな値幅が出る時があり、手っ取り早く儲けやすいのです。

多くのネット証券では逆指値注文で発注できますから、ある水準を超えたら売り、もしくは買いのポイントを決めて逆指値を入れておきます。仕掛け後に出る値幅の大小は相場状況によって変わりますが、うまくいった時の収益は大きくなります。先物取引ではトレンドの発生にいち早く気づいてその流れに乗ることが重要なのです。

トレンドフォロー例

日経平均先物　日足
2019/5/22〜11/22

トレンドフォローの破壊力は大きい

008

ナンピンは長期の相場シナリオがあるときのみ行う

あらかじめ証拠金の余力を計算しておく

短期の勝負に臨むことが多い先物投資家にとって、ナンピン売買は「自分が追い込まれた状況で更に建玉を増やす」ことになりタブーとされています。一方で、長期投資を前提として現物株をドルコスト平均法的に売買を分割して仕込むやり方もあります。

これを先物で行うとすれば、日経平均ミニ先物を数週間から数か月のタームで分割して仕込み、相場のトレンド転換をジックリと待つ長期の逆張り戦略となります。目先の細かい値動きにこだわらず、中長期的な相場シナリオが自分にある時に用います。

差し入れ証拠金は十分に余裕を持たせて、先物を売買しながら現物指数を徐々に仕込むイメージです。何枚まで建てられるのかをあらかじめ計算しておけば、決済までの時間はかかりますが、成功する可能性はかなり高くなります。

ナンピン例

日経平均株価　日足
2018/11/22〜2019/11/22

約24000円

過去1年間の上下値幅は約5000円以下

※証拠金面を考慮した上で、ナンピンの幅を工夫する。

約19000円

長期スタンスならば、500円幅で日経225ミニをナンピン買いすれば、最大でミニ先物10枚までで収まる

009

資産増の近道は買い乗せ＆売り乗せを覚えること

儲ける投資家ほど乗せてくる

直近の安値高値を連日更新して一方向にトレンドが出る相場の時でも、早めに利食いをしてしまい後悔することはよくあります。

先物市場で大きく儲ける投資家は、トレンドが出る相場において「買い乗せ、売り乗せ」で加速度的に利益を膨らます方法を用いています。乗せの戦略は200円幅、300円幅とあらかじめ決めておいた値幅毎に機械的に建玉を増やすのです。この方法は平均売買単価は相場の現在価

格に近づきますが、増し玉を含めた全体の含み益が少なくなれば迷わず一旦利確します。

投資家心理として含み益になった建玉を、利益確定ではなく強気に乗せるのはなかなか難しいものです。枚数乗せの技術を身に付けると、大きなトレンドが出た時に爆発的に運用利益を拡大させることができるようになります。

Section.1 先物・基本テクニック

買い乗せ例

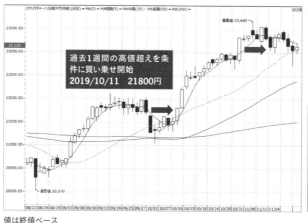

日経平均先物
2019/8/22〜2019/11/13

過去1週間の高値超えを条件に買い乗せ開始
2019/10/11　21800円

21800円で買い（新規）
↓（500円上昇）
22300円で買い（1回目の買い乗せ）
↓（500円上昇）
22800円で買い（2回目の買い乗せ）
↓
23120円で決済

値は終値ベース

010

プレオープニングでの参戦は手控える

プレオープニングでの売買はほぼギャンブル

8時45分からスタートする日経先物で、現物市場が開始する9時前に新規に建玉するのは、ギャンブル的要素が非常に高くなります。先物といえども原資産は日経225現物指数であるので、9時以降は現物株の影響を受けるからです。機関投資家などファンド運用を行っている大口の投資家は、現物株にバスケット注文を出すのを、9時数秒前まで出さないことも普通にあります。

先物の方が先に動くとは言え、現物指数の取引が始まっていない時間帯での先物市場は、全て市場参加者の思惑で動いていると考えてください。特にギャップアップや、ギャップダウンで始まる相場の時には、余計に変な値動きをしますので、惑わされて余計に損を出しやすくなります。この時間にあえて新規建玉をするのは手控えましょう。

プレオープニング時の動き

9時から現物株取引が始まり、急反転して10:30に23210円まで上昇

8:45スタートから9:00までに23030円の安値をつける

日経平均先物12月限
5分足
2019/11/22

参加者が少なく、思惑で動きやすいので、9時前の15分間と現物株取引が始まってからの動きが正反対になり、一変する時がある

011

月曜日の10時までは今週の相場見極めに使う

月曜日の午前中はプロでも予想しにくい

プロの投資家でも曜日で一番予想しにくいのが月曜日です。

月曜日の動きは、前週の相場動向をふまえて海外から長期投資の大口注文が飛び込んできたり、機関投資家のアセットアロケーションによる変更注文が入ってします。また、週越えのリスクを避けてポジションを外していた個人投資家が新規にポジション取りを開始しますので、多くの注文が交錯することで相場の方向性は不透明な部分が多くなります。

週末から休日にかけてのニュースフローを日本市場で消化するにも一定の時間がかかるので、月曜日午前中での安易なポジション取りはリスクが高いと言えるでしょう。

月曜日は、プロでさえ予想が難しい曜日ですので、個人投資家としては、月曜日の午前中10時頃までは売買を焦らず、落ち着きどころを待つ見極めの時間とした方がよいでしょう。

月曜日のオープンから10時

週末のニュースフローの織り込まれ、週明けの注文が出揃うのに時間がかかる

週末金曜日の欧米株式市場の結果
↓
土日を介して月曜朝までのニュースフロー
↓
週明け新規注文の動向
↓
日本市場は他のアジア市場よりも先に始まるため、どう織り込むか判断が難しい

012

現物取引終了間際の10分間は新規売買を見送る

相場の方向が変わることがよくある

先物取引終了間際の時間帯、15時〜15時10分はその日に取引を完結させたい注文や特殊な意向（高値や安値で引けさせたいなど）を持った注文が多数待ち構えており、値動きも不安定になります。

先物のクロージングで損益がプラスになるか、マイナスになるかのギリギリの勝負は引け成りの注文動向次第で上下どちらに転んでも不思議はありません。

また、原因は不明、往々に起きるのが、日本市場の現物取引終了後に、急に時間外のNYダウや為替が水準を変えて動きだすことです。

それを見て焦ってしまい、残り10分間で新規にポジションを建てたりすると、ダマシの動きになった場合には、意図しない評価損のポジショ

ンをナイトセッションまで持ち越すことになりかねません。

もし15時15分以降からナイトセッションまでの空白の時間帯に、あえて新規のポジションを持ち越したいと考える場合には、引け成り注文で発注して、評価損益が±ゼロのポジションを持ち越す方が精神的にも良いでしょう。

先物取引終了間際の15：00-15：10で手控えるべき要因

・目安となる現物株の終了後なので思惑売買が主となる

・大引け値を高値安値にもっていきたい筋の介入

・引け成り注文の需給により値動きが不透明になる

・時間外のNYダウや為替が急変することがあり、またダマシも多い

013

市場全体の強弱は日経平均株価よりTOPIXの方がよい

大口の機関投資家の多くははTOPIX先物を用いている

TOPIX先物を取引しているのは殆どがファンド運用を行っている機関投資家などです。裁定取引の際によく使われるのも日経平均先物よりTOPIX先物の方が売買代金でみても断然多く、現物株と両建てにして売買されることも多いのです。

また、株式市場全体の強弱感をみるには225銘柄から構成される日経平均株価よりも、2100銘柄以上で構成されるTOPIXの方がダマシも少ないと言えます。
海外からの長期資金が日本株投資として入るような場合にはあらかじめTOPIX先物が先に買われ、のちに現物株が買われて振り替えられたりし

ています。日銀がETFの買い入れを行う際の判断材料としているのもTOPIXの前日比です。

日本市場全体の強弱感を推測するのであれば、一部銘柄の影響を受けやすい日経225先物よりもTOPIX先物の値動きに注意を払う必要があります。

また、相場のトレンド発生の判断を行う際にも、高値安値を抜けるのは値動きの良い日経平均株価が先になることが多いのですが、より冷静に判断するためにも歩調を合わせる形で、TOPIXが抜けて来るのを待つ方がより信ぴょう性が高いとされています。

日経平均株価とTOPIXの比較

日経平均株価	225銘柄の指標で一部値嵩株の影響が大きい
	為替の円高&円安の影響を受けやすい
	先物だけの仕掛けで値動きしやすい
TOPIX	東証一部全体の時価総額を表す指標で動かしにくい
	裁定取引業者が現物株を合わせて取引することが多い

014

市場参加者の心理はCME日経 225先物清算値を見るとわかる

CME日経225先物清算値の見方

通常、ニュースなどで伝えられるCME日経225先物の清算値（日本市場の終値に相当）は、ドル建てではなく円建てで報道されています。

シカゴ市場終了後に相場を動かす材料が出ない場合、朝の日経先物の寄り付きがCME日経225先物の清算値より高いか安いかで、スタート時の日本市場参加者の心理の強弱を判定できます。

日本市場の寄り付きの気配値と清算値との乖離が大きい場合には、何か新規の相場を動かすニュース材料が出たのか、或いは時間外のNYダウの変動や、為替の変動の影響が出ているのか探り、ロイターやブルームバーグなどの情報ベンダーのニュースを検索しましょう。

CME日経225先物の清算値の見方

CME　Group HP　　https://www.cmegroup.com/trading/equity-index/international-index/nikkei-225-yen.html

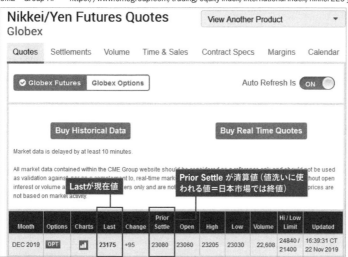

日本市場の寄り付き値がSettleより高ければ、強含みスタート、安ければ弱含みスタートと判定できる

031

JGB先物市場から株式市場の リスクが計れる

JGB先物市場は金融政策変更の思惑で動く

JGB（国債）先物は日々の値動きも小幅なことが多く日銀の金融政策のスタンスに変化が見られそうな場合に大きく動きます。

個人投資家向けとしては、ミニ長期国債先物取引が用意されていますが、取り扱い証券会社が数社しかなく、売買したことのない投資家がほとんどです。基本的にはあまり見る機会の多い指標ではありませんが、JGB先物が水準を変えて大きく動き出すと、為替市場における変動要因として材料視されます。当然金利の変動で値動きするものですから、為替の値動きにも大きな影響を与えます。

JGB先物が動いた際は、機関投資家を中心に大きな資金で運用を行っている投資主体がポジション調整に動き出したと推測されますので、株式市場の価格変動リスクの高まりにもつながります。

JGB先物の動向

長期国債先物
2019/5/22〜
2019/10/31

2019年10月30日が日銀金融政策決定会合の日。発表前の段階では追加緩和なしを織り込まれての金利上昇と債券安の動き。その後、金利が低下したので債券価格も一旦上昇している

016

含み益大の建玉は決済を急がない

ナイトセッションでも高値安値をつけることがある

取引時間中に好材料が出たことにより、大きな含み益を抱えている場合は、持ち越して利を伸ばす戦略に切り替えます。どうしても利確したいなら建玉を半分決済するなど工夫してみましょう。

これは日中取引の終了後に海外投資家が改めて材料を好感し、ナイトセッション時に相場のトレンドが一段強まることがあるからです。その場合、想定以上の高値安値をつけることがありますので、決済注文は相当に離した指値を入れるなどで欲張ってみましょう。

そして、利を伸ばしている途中にトレンドが継続して拡大してきたら、増し玉を検討してもよいでしょう。

大きな含み益を抱えている時はジックリ構えて決済を焦る必要はありません。

一方で、好材料を得ても評価損のままの建玉を次のセッションに持ち越すのは危険です。経験則からも悪い結果となることが多く、評価損の建玉は大引けまでに決済しましょう。

好材料がでた際は持ち越しを考慮する

大引け前の建玉の損益
大きな評価益＝次のセッションへの持ち越しは　○
多少でも評価損＝次のセッションへの持ち越しは　×

含み益がある場合の流れ
含み益大のポジション
↓
利を伸ばす思考を持つ（利益確定を急がない）
↓
利食うだけでなく増し玉を検討（その時点で利確して半分残して持ち越しもあり）
↓
ナイトセッションでは指値を欲張ってみる
↓
利益が伸びているなら増し玉を検討する

017

ロスカットは証拠金の何％と決めると心理的に受け入れらやすい

目安は最大5%で調整する

リスク管理を重視するのは良いのですが、ロスカット幅を現在値と近くしすぎると損失ばかりが続いてしまうばかりか、ロスカット後に相場に戻されると心理的にも辛くなってきます。

一回の売買において、ロスカット値幅をあらかじめ決めておく以外にも、差し入れ証拠金の何％を失ったら潔くロスカットすべきかを決めておくと、心理的にも損失を受け入れやすく次の売買にスムーズに移行できます。

例えば100万円の証拠金で売買に臨んだ場合には、大まかな目安として最大でも5％の損失を抱えたらロスカットするというルールにすれば、一度ロスカットした後の次の売買でのロスカットは95万円の5％で47500円と損失額も小さくなります。仮に連敗しても資産を大きく減らすリスクは徐々に抑えられるので、連続損失による心理的負担も低下させることになります。

ロスカット幅の決め方

枚数増減をしない、もしくはコツコツ売買する投資家向け

値幅○○円でロスカットする

（例）50円でロスカット

枚数増減を行う投資家向け

証拠金の○○％の評価損でロスカットする

（例）差し入れ証拠金の5％でロスカット

Section.1 先物・基本テクニック

018

スランプ時には建玉枚数を減らす

心理的なダメージを軽減することが大事

日々売買を継続していくと、自分のスタイルに合わない相場となり、不調に陥る場面が必ず訪れます。

評価損を抱えたポジションにナンピンで枚数を増やすことはタブーですが、損をすると早く取り返したいと思うのは人情です。

そもそも損失が続くということは相場が見えていない状況と言えます。取り返しを焦ってしまうと平常心を欠く状態で売買をすることになり、ますます悪循環に陥ります。

明らかに不調と感じた時には、建玉枚数を通常の半分以下に減らして調子の回復を待ちましょう。仮にその後も損失が続いた場合の心理的なダメージの軽減効果がある上に、リラックスして思い切ったポジションを取ることができると自然と調子を取り戻すキッカケにもなります。

思い切って建玉を0にして、数日間は相場を見るだけにして売買しないのもひとつの方法です。

調子が良くないときは

①取るリスクを減少させる
　ポジションの枚数を半減（リスク許容度が2倍になる）

②それでも調子が戻せない
　さらに枚数半減（リスク許容度が4倍になる）

心理的な余裕を作ることで調子を取り戻す

019

大きく儲けた後ほど投資スタイルに注意する

調子がいい時ほど崩しやすいことを知る

トレードの好調が続いて資産が大きく増えた後などは、投資家心理として油断が生じやすいものです。調子に乗ってもっと稼いでやろうと思い、普段の建玉枚数から増やした売買を始めると、途端に不調に陥りやすいので注意が必要です。

主な理由は、自分の建玉の重さ（リスクを取る大きさ）に心理面で耐えきれずに、我慢が効かなくなって自分の投資スタイルを崩しやすく

なるからです。利食いを早くしたくなり、逆に損切りは遅くなりがちになるなど、いつもの自分と違う行動をしてしまいます。

これらの行動と合わせてワンティックの上げ下げで動く損益の大きさに違和感を覚え始めたら、それはリスクの取り過ぎです。慣れるまでは資産を減らさずキープできるように、いつも以上に細心の注意を払って売買に臨みましょう。

投資スタイルのチェック

大きく儲けた後の行動 ➡ ○リスクを増やさず守りに入る

↓

×気持ちが大きくなり一気に稼ごうとする
×安易に取るリスクを倍増（建玉増を急がない）
×投資スタイルに変化が生じる（ロスカットや利食いの幅）

**上記の×行動に気づいたら
一旦落ち着き、投資スタイルを練り直す**

020

相場急変時の対応策の パターンを想定しておく

不利な時に迅速に動けるかに関わる

相場が動いた時に慌てるのは次の準備ができていない証拠です。

建玉後は利食いを考える水準とロスカットすべき水準はイメージされているでしょうが、ロスカット注文としてあらかじめ逆指値注文を入れておきましょう。

自分に有利な方向に相場が動き出した場合には、初動で慌てて利食いせずにむしろ増し玉を検討します。利食いするか否かの判断は、相場が動いた材料を市場が十分に織り込ん

でからでも遅くありません。一方で不利な方向に急に動き出した場合には、相場を動かした材料を確認する前でもポジションを縮小させるといった準備をしておきましょう。

一般的に悪材料の織り込みによる下げる時のスピードは、好材料に反応して上昇する時よりも早いのです。有利な方向はゆっくりと、不利な方向に動いた時は迅速に行動するようにします。

建玉後の売買シナリオを先に用意しておく

想定外の値動きが発生 不利な方向に動いた場合、ポジションの縮小

有利な方向に動いた場合、(半分利確など)利確を急がず、増し玉を検討する

建玉時に考えておくべきこと
①ロスカットポイントを決めておく
(予め逆指値を入れておけば安心)

②利食いゾーンのイメージを持つ
(増し玉の検討をしてもよい)

021

先物の両建ては
手数料分の損

両建てするなら休んだ方がいい

　先物の両建ては決済の先送りに過ぎず、将来の手数料増にもつながりその分損になります。不利な状況の建玉を両建てにすれば、その時点から評価は動かなくなりますが、後に両建ての片方を決済して外せば、新規にポジションを組むことと同じになり、単に決済のタイミングの問題を先に送っただけにすぎません。

　先物は方向を予想する勝負の繰り返しですから「売る、買う、休む」の3種類しかありません。

　先物においては、両建てではなく必ず決済して休みましょう。建玉が売りと買いの2つあると、前述の先送りばかりでなく、次の売買チャンスの時に迷いが生じる可能性があり、余計な神経を使うことになります。

両建ての手数料

日経 225 先物が 22000 円から 21950 へ下落中の状況

●両建ての建玉
22000円の時に買い新規で1枚建てる
その後、21950円の時に売り新規を1枚建てる（両建て状態）

返済（決済）予定
この時点で手数料が1枚分増えるのが確定
しかし決済はしていない

●通常の建玉
22000円の時に1枚買い新規で建てる

売り返済（決済）
21950円で1枚売り新規で建てる
決済してから改めて新規建て

> **まとめ**
> 両建てでは損しているポジションを解消しないわりに
> 手数料が増えることだけが確定する。
> 決済タイミングの先送りにしかならない。

022

深夜は日経225先物の約定が進みにくい

アルゴリズム取引がメインになる

　深夜の1時を過ぎた頃からは個人投資家の参加者も徐々に減るなどで、日経225先物の約定は進まなくなります。売り買いの板に変化があってもアルゴリズム取引による機械発注による注文の出し入ればかりとなり、相場の水準がいくらか変わっても約定枚数は全く増えないのです。そういう約定が進まない場面での建玉保有は、反対売買をするのに

時間もかかる上、約定させるのもひと苦労となります。

　値動きが乏しくなり、約定の進みが明らかに遅くなってきたと感じた時は、すみやかに売買を終了して次の日に備えましょう。

日経225先物の深夜の値動き

日経平均先物12月限　5分足　2019/11/22

深夜1時過ぎからは約定が進みにくい

日中と深夜の値動きを比べると値動きが乏しい

先物も株式同様、ファンダメンダルズではなく思惑で価格が決まる

先物を動かすのは需給であると割り切る

先物は現物指数より先に動きますが、投資の格言は先物市場でも同じことが言え、噂（思惑）で買って事実で売るものです。先物の大量注文にはその日限定で売買されるものも多く、短期の需給がその日の価格を決めると割り切ります。

違和感のあるその日のみの短期需給を長期の相場変動の始まりと考えると失敗しますが、もし今日の前場の流れが大引けまで一日続くとみるならば、後場からは「相乗り」の方向で建玉を組む投資目線に変えるとよいでしょう。

例えば、今日は妙に先物を買ってきているなどの特殊需給を感じたら、特に買い材料（事実）が見つからないとしても「今日は大引けまで買いが続きそうだ」と思惑を張って買いから入り、大引けまでの利食いを狙うことを考えます。　ファンダメンタルズも相場を動かしますが、事実が出てからの値動きは将来のファンダメンタルズを反映するもので、先物を動かす要因の順番としてはあくまで短期需給が優先されると割り切ることが必要です。

前場が断続的に弱含みで終了した場合、通常は後場には一旦その流れに逆行するリバウンドが入りますが、特殊需給の売りが出ている時は戻り幅は小さくなります。この場合、大引けの一段安狙いになります。

先物の大量注文にはその日限定のものも多い

外部環境の状況から違和感のある需給を感じたら……

後場もその流れが続く　➡　予想を立てて
可能性がある　　　　　　その流れに乗ろう

先物を動かす要因
短期需給＞ファンダメンタルズ
短期需給＞己の相場観

024

大手証券の先物手口から
相場水準が計れる

国内年金を扱う大手証券も先物を売買する

　CTAの先物売買は外資系証券を通じて出されますが、国内年金を扱う機関投資家も現物株を買う前に先物を買ったりもします。その注文は国内大手証券である野村證券や大和証券などの手口となって表れます。

　国内年金においては外資系の証券会社に注文を出すことはほとんど無いと考えてよく、大型投信の設定時以外で野村證券や大和証券の先物手口で大きなものが出た場合には、国内年金関係で注文を出したと考えてよいでしょう。

　また、その時の相場水準は、長期スタンスの年金が売り買いを入れる水準として覚えておき、戦略として強いサポートラインや戻り売りが出る抵抗線になると考えます。

　ポジションを持ち越すスイングトレードを行うのであれば、どの水準が国内機関投資が押し目買いや戻り売りを出す水準なのか、大まかに推測する材料として大手証券の先物手口を参考にすると良いでしょう。

国内年金も先物を売買する

①野村證券、大和証券などの国内の大手証券から売買される

↓

②長期スタンスの年金が売り買いする水準として記憶に留めておく

↓

③大口の資金の入りどころに逆らわないようにする

025

米国VIX指数は20%超が警戒水域

ボラティリティの高まりがあるということ

米国のVIX指数は20％を超えると警戒相場と言われ、多くの投資家がリスクオン・オフのボーダーラインとして認識しています。

ファンド運用をする機関投資家の中には、VIX指数が高まり＝相場のボラティリティが高まると、リスク回避の為に自動的に保有する持ち玉を減らすルールにしているところもあり、現物株市場においても必然的に売り注文を出してくるため需給面は悪化します。

VIX指数の高まりは投資家の手の内が悪い状態を表していますので、VIXが20％を超えてきたら更なる下落に備え、先物売買では売り目線で臨む方が儲けやすくなります。

VIX指数

Tradingview (https://jp.tradingview.com/symbols/CBOE-VIX/)

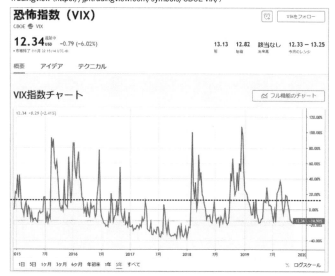

026

デイトレード時の前場における 相場のチェック項目

トレンドの確認と流れを変える外部要因

デイトレートを始める前に、まずは前日の高値安値のチェックをします。上下値幅を抜けて始まれば、新たなトレンド発生と判定し、トレンドフォローの戦略で臨みます。前日値幅内でのスタートなら、揉み合い相場とみて逆張り前提の目線で相場を見るようにします。

順張り、逆張りの切り替えのポイントは、前日の高値安値をブレイクするかどうかです。前日高安を抜けた後は、最も近い次の高値安値へのトライをイメージして売買を続けます。日中取引では、時間外のNYダウ、ドル円の動きは常にチェックします。

10時30分からは中国市場の上海株にも目を配り、前引けはTOPIXの前日比を見て後場からの日銀によるETF買いが入るかどうかも推測します。

前場での相場確認

日経平均先物　日足　2019/10/23〜11/22

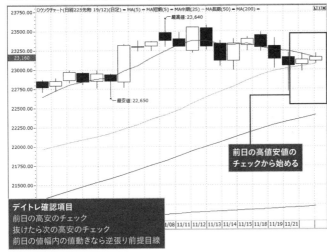

前日の高値安値の
チェックから始める

外部環境である世界
相場や為替も常にチェ
ックする

デイトレ確認項目
前日の高安のチェック
抜けたら次の高安のチェック
前日の値幅内の値動きなら逆張り前提目線

027

デイトレード時の後場の
チェック項目

日銀のETF買いが入っているかの見極めポイント

デイトレードにおける後場のポイントは、その日に日銀のETF買いが入っているかどうかの見極めと、中だるみの時間帯をどう乗り切るかです。

2019年以降では、日銀のETF買いが入らない日は後場の値動きが緩慢かつ横々で終了することも多く、入っている時は大引け前の30分間で水準が結構戻すことがあります。もし先物に買い建玉を持っている場合は、大引け前後まで粘り強く決済を延ばした方がよい結果につながることもあるのです。また、現物株終了後にも先物だけ相場水準が上方に引き戻されることもあります。

ただし日銀によるETF買いの力により不自然に先物だけ高く飛んで大引けした場合には、ナイトセッションの開始後にその修正が起きる可能性ありますので、建玉は決済するのがよいでしょう。

一方で、日銀ETFの買いが明確に入っているのに、売りが強くて弱いままの時もあります。その場合は逆に大引けので投げを警戒します。

日銀によるETF買い以外に、時間外の海外マーケットに明確な方向性が出ている時や、新規に相場材料が出てきた場合には、含み益のポジションに限りナイトセッションへの持ち越しを考えましょう。

デイトレード　後場での確認ポイント

①日銀ETF買いの有無
　おおむね前引けでの
　TOPIXが0.5％程度以上の下落

②大引けに向けて短期需給と日銀のETF買いとの力関係を推測する

株価指数先物

Section.2
先物・市場の動きへの対応

028

値幅の小さい相場では 短期チャートを使う

時間軸が短いと売買チャンスが広がる

先物トレーダーにとって稼げない相場とは、値動きが乏しく膠着した相場です。日中の上下値幅が小さい時は、長い時間軸のチャートを見てもトレンドの変化は見出せません。筆者はそのようなときでも売買を考えていますが、普段使っている5分足よりもさらに短い1分足のチャートを使って売買チャンスを見出そうとします。

トレンドが発生する前に必ず起こる現象は、過去の高値或いは安値を抜けていくことです。高安値幅の判定時間をより小さい時間軸に短縮することにより、トレンドの発生回数を増やして売買チャンスを増やすのです。

トレンドの発生は1分足が一番早く、時間の区切りを長くするにつれて遅くなりますが、値動きの乏しい時にはより短期のチャートを用いて小刻みに利益を積み重ねる戦略で挑むしかないでしょう。

Section.2 先物・市場の動きへの対応

短い足で確認する

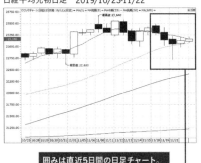

日経平均先物日足　2019/10/23-11/22

日経平均先物　5分足　2019/11/19〜11/22

囲みは直近5日間の日足チャート。
5分足チャートと比べてほしい

上の日足チャートではわかりにくいが、5分足チャートでは2つのレンジに分断されているのがわかりやすい

029

強い需給が見えたら素直に「相乗り」する

「長いものには巻かれろ」が相場では正しい

相場の方向性を決めるのは売買需給の力関係で決まります。

大口の売買注文を出すヘッジファンドや機関投資家などに対し、自分の相場観と違うと逆らっても、相手方より需給の力が弱ければ勝負は負けてしまいます。相場は多数決で方向性が決まるわけではないのです。先物市場では「相場が間違っている」と考えて流れに逆らう人は負けやすく、「長いものには巻かれろ」的なスタンスの投資家の方が勝ちやすいと言えます。

己の相場観は別にして強い需給が見えた時には決して逆らわず、むしろ「相乗りする」戦略の方が利益を上げやすいのです。

己の相場観より需給に従う

大口など相手よりも抵抗する力が弱ければ
トレンドに逆らっても負けるだけ

相乗りの方が儲けやすい!

030

逆張り戦略は上下レンジ限定の時間帯に行う

上下レンジを抜けたら躊躇なくトレンドフォロー

逆張り戦略で儲かるのは一般的に揉み合い相場の時です。逆張りで臨むべきタイミングは、「直近の高値安値を更新していない状態の時」です。

例えば日足チャートで相場を見た場合、前日の上下値幅内に本日の相場水準があるときは、相場の方向性がまだ明確に出ていない「強弱の力関係が決まらず迷っている状態」と推測されます。方向性が明確に出ていない時に、高値買い、安値売りのトレンドフォローで臨んでもUターンされることが多く、この状態は逆張りで臨んで良いタイミングなのです。

前日の高安だけでなく、数日間の高安、或いは週足の高安など、まずは時間軸を決めてその間の上下値幅のレンジを認識した上で、その範囲内にいる時は揉み合い相場とみて逆張りで攻めます。もし、上下レンジを抜けて来たら躊躇なくポジションを決済し、今度はトレンドフォローに切り替えるなど臨機応変に臨むことが重要です。

上下のレンジを確認する

日経平均先物　日足
2019/5/22～11/22

チャート内で示したレンジは逆張りで臨んで良いゾーン　抜けたらトレンドフォローに切り替える

Section.2　先物・市場の動きへの対応

031

過熱相場では短期戦略の 逆張りが有効

通常の相場では25日線から5〜7%の乖離が限度とされている

逆張り戦略でもレンジ相場判定ではなく「行き過ぎた加熱相場」判定で用いる場面があります。

例えば、日足チャートで25日移動平均線から5%以上も下方に乖離するような、下げ過ぎの状態が発生する場面があります。通常は下方トレンドが継続しているとみてトレンドフォローの売りで攻める場面ですが、短期的に行き過ぎた場面では往々にして相場は揺り戻しでリバウンドします。そういう時は逆張りも有効です。

一般に25日線からの乖離で「5%超からは売られ過ぎ、最大でも7%程度まで」とされており、短期では買い下がり、あるいは売り上がりの逆張り戦略が有効になります。そういう場面では値動きも激しくなるので、あらかじめロスカットを入れた上で、割り切って参戦しても意外と大きな値幅が取れることもあります。

逆張りの例

ローソク足チャート(日経平均)(日足) ■ MA(5) ■ MA短期(5) ■ MA中期(25) ■ MA長期(50) ■ MA(200) ■

日経平均株価 日足
2019/5/22〜11/22

最高値:23,591.09

25日移動平均線
8月6日で
21490円

一時安値:20,110.76

引けにかけて大きく戻している

安値を付けた日（2019年8月6日）の25日移動平均線は21490円で、−5%下方乖離は20415円。最安値20110円は−6.5%の下方乖離→明らかに短期売られ過ぎ

032

CME清算値を目安に 高値安値を重視する

高値安値はレジスタンスラインやサポートラインになる

CME日経225先物清算値は、朝の日本市場の寄り付き値として大体の目安となる一方で、個人投資家としては、高値安値も重視したいところです。そして、相場水準が大きく変わった時には出来高にも注目しましょう。前夜の高値安値は翌日の日本市場でのレジスタンスやサポートとして意識されるので、チェックして日中取引での指値注文を出す際の参考にします。

出来高を伴わない価格変動は信頼度に乏しいですが、出来高が急増している時には、海外投資家に大きなポジション変更が行われた可能性が高く、翌日の日本市場でも反対売買を含めて大きな注文が入ってきて、相場にトレンドが出やすいのです。

CME日経225先物清算値での高値安値を確認

日経225円建て先物/CMEグループ
https://www.cmegroup.com/ja/trading/equity-index/international-index/nikkei-225-yen.html

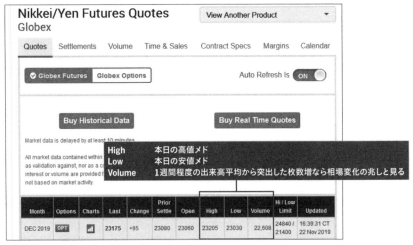

翌営業日の日本市場で使うのは高安で指値の目安に利用する

033

重大ニュースが出たら SGX日経平均先物に注目する

欧米市場終了後に大きなニュースが流れたら

8時45分から取引開始となる日本市場の日経平均先物の寄付き値を推測するには、CME日経225先物が参考にされますが、欧米市場の株式市場が終了したのちに相場水準を大きく変えるような大きなニュース材料が出た場合には、日本市場ではギャップアップやダウンが想定されます。

不利なポジションを抱えている投資家はリスク回避の為に決済を急ぎますので、寄り付きの値段が幾らになるのか非常に気なるところです。

平常時のSGX225先物の注目度は低いのですが、想定外の相場変動が起きている時には、8時30分から取引開始されるSGX先物の値動きを参考にして日本市場の寄り付き値を推測し、注文を入れるようにしましょう。

欧米でニュースが流れると反応

SGX日経平均先物
2019/5/22～11/22

19965円

前夜のCME225先物の安値が19890円まであった為、大幅ギャップダウンの可能性がでてきた。その後、8:30のSGX先物の安値にサヤ寄せする形で日経先物の安値は19965円となった

SGX225先物とは シンガポール取引所に上昇している日経225先物（日本時間8:30スタート）

034

ボラティリティが高い時は
スキャルピングの好環境

不利なポジションを抱えている投資家が多い

スキャルピングで参戦してよい相場環境の目安は、ボラティリティ水準です。おおむね「VIX指数で20％以上、日経VIで22％以上」が好環境と言えます。

値動きの小さい時や約定がなかなか進まないボラティリティが低い時にスキャルピングをしても、相場相手のひとり相撲になってしまい、動かぬ相場にストレスを溜めることになります。

ボラティリティが高い時は、不利なポジションを抱えている投資家が多いことの表れでもあります。

そういう場面では慌てた注文も入りやすく、必然的に相場の値動きも荒くなり、上下値幅も拡大します。また、スキャルピングでは売り買いの板に直接ぶつけに行きますので、225ミニで5円、ラージで10円スプレッド分を支払うことになります。スプレッドを支払うに値する値動きがなくなってきたら、スキャルピングは一旦休止しましょう。

スキャルピングを行うタイミング

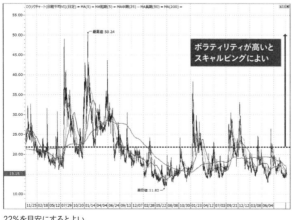

日経平均VI
2014/11/25〜2019/11/22

22％を目安にするとよい

スキャルピングとは 建玉から決済まで短い時間で売買を繰り返す手法で、値動きが激しい相場に適している

035

ボラティリティが低い相場では指値注文を使う

緩慢な値動きの時に使うべき

ボラティリティが低い時は先物の値動きも緩慢になり、日中の上下値幅も縮小傾向にあります。相場が次の材料を待ちながら、次はどちらの方向に向かおうとしているのか煮詰まってきている証拠です。チャートでいう三角持ち合いの相場の時などがそれにあたります。

そういう場面では、約定を急がず指値注文を使って約定を待つことにより売り買いのスプレッドのコストを払わないようにします。例え5円、

10円であっても約定のために支払うコストは極力抑えたいものです。

おおむねの目安として「VIX指数で15％以下、日経VIで16％以下」はボラティリティが低い相場と言えますので、相場が動き出して方向性が出てくるまでは約定を焦る必要はありません。

指値注文を用いるタイミング

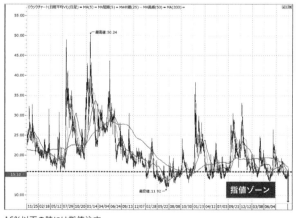

日経平均VI
2014/11/25〜2019/11/22

16％以下の時には指値注文

ボラティリティとは	証券などの取引によって起こる価格変動性

重要イベント時には
逆指値を用いる

投機筋の仕掛けに対応できるようにしておく

今後の相場の方向性を決める重要なイベント（政策金利の変更、重要会議、選挙の結果が出るなど）で市場予想と違ったサプライズな結果となると、相場は大きく変動します。

先回りしてポジションを仕込んでおくのも戦略のひとつです。

この投資手法はイベントドリブンと言われますが、もし読みが外れて相場が逆方向に動いた場合には大きな損失が出ます。

ビッグイベントの通過時には、結果が出た瞬間に仕掛ける先物の投機筋がおり、一般的な投資家よりもコンマ何秒か早く情報を認知して仕掛けてきます。

このようなイベント時に個人投資家が乗り遅れないためには、あらかじめ逆指値注文を入れておくしかありません。指値のポイントは直近の高値安値をブレイクする新値が適切です。

重要イベントによって相場に大きな変動が起きた場合、大方の予想を大きく逸脱した値段をつけてきた時ほど強いトレンドとなります。「こんな値段をつけるはずがない」という場面が現実となった時ほど、慌てた注文が殺到し値動きのスピードも値幅も大きくなるのです。

頭で考え過ぎるより心理面での「思い切り」が重要になります。

イベントドリブン

ヘッジファンドの投資手法のひとつで、投資対象の価格変動に大きな影響を与えかねないビッグイベントの結果を予想して、ポジションを取る運用手法

ビッグイベントとしては、政策金利の変更、重要会議、国政選挙などがある

特徴
・結果によっては想定以上の価格変動が起きるほど「マージンコール」の規模は大きくなる
・個人投資家の対応策は逆指値注文で準備しておくこと

マージンコールとは 「追証」とも呼ばれる。差し入れ証拠金の不足によって、追加の証拠金の差し入れを迫られる状態。追証が発生するとポジション解消の動きとなりやすい。

037 先物では板の厚い方向に向かいやすい

板が厚い＝抵抗ラインではない

先物の売買注文は8割以上が人の手を介さずにコンピュータシステムにより自動的に発注と取消しが繰り返されていると言われています。

瞬間的に売買が行われているため、見えている板の厚さは方向性の判断材料にはならないことが多いのです。

先物では、厚い板の方に相場が向かう傾向があります。数百枚の厚い板がずらりと並んでいて一見、流動性が高いように見えても、その注文は千分、万分の数秒で発注とキャンセルが繰り返されているのです。ナイトセッションにおける約定の進行を見るとわかりますが、相場水準が数ティック動いても実際の約定はわずか数枚しかないという状況が普通に起きています。

そんなシステムによる自動発注が瞬間的に繰り返されている時代に、長時間にわたって大きな枚数の注文（厚い板）を場に晒しておく必要はありませんから、むしろ逆の目線で仕込みたいのではないか？と考えます。

仕込みが終われば、相場はやがて厚い板へと向かいますので、個人投資家が表示されている板注文を見る際には、厚い板が取り払われた後のイメージを持つことが重要です。

038

月末や決算期は特殊需給に翻弄されやすくなる

1日待ってトレンドを確認する

決算期を迎えると自社の高い株価を望む企業側の思惑も入る上に、ヘッジファンドにおいては顧客解約注文に備えたポジション解消なども出やすくなります。このような場合、期間限定、或いは一日限定での短期需給が思わぬ相場の動きとなります。例えば、相場が順調に上昇していたのに、ある一日だけ特殊需給で売りが出て弱いというようなことが起きるのです。

世界の分散投資においては、株、債券、為替など直近でパフォーマンスが良好な市場に利食いの売りを出し、逆にパフォーマンスが悪い市場で買い戻して値が上昇するなどします。普通に考えるとあり得ない値動きですが、これはロングショート戦略（先物の39参照）などによるポジションの巻き戻しに伴うものです。

月末や決算期には、もう一日待って本当にトレンドが変わったがどうかの判定を行うなど普段より慎重にする必要があります。

039

ロングショート戦略の 巻き戻しは短期需給要因になる

投資信託やヘッジファンドで多用される

ロングショート戦略は、値上がり予想する投資対象を買い、値下がりを予想し投資対象を空売りする両建ての戦略です。この戦略は売りと買いの売買代金を揃えてスタートし、市場の上下変動のリスクを抑えています。

近年では絶対リターンを追求する投資信託やヘッジファンドなどでは、この戦略を主に用いるようになり、ある市場を買い、別の市場を売るなど大がかりな取引をする主体もいます。

彼らの決算期には、こうしたポジションの決済による巻き戻しが往々にして起きるようになっています。債券から株式へのリスクオンのポジション変更が行われたり、リスク回避の相場環境ではその逆の動きも出やすいのです。

ロングショート戦略の巻き戻しによる不自然な相場の動きは特殊需給のため長くは続かず、短期の需給で終わって次第に修正される傾向があります。

040

ヘッジファンドの 45日前ルールに注意する

建玉を仕掛けるチャンスになる

　一般的にヘッジファンドは3、6、9、12月末の四半期決算が多いとされています。

　ヘッジファンドによる顧客のファンド解約には45日前ルールというものがあり、そのルールに沿って解約売りが出るのが、決算日のひと月半前頃になります。つまり、2月、5月、8月、11月中旬にはヘッジファンドの

解約売りが出やすい時期と言えます。

　それまで形成されてきた相場のトレンドが、天底の打つ時期とも重なりやすく、スイングトレードで先物売買を行う投資家にとっては、直近のトレンドが反転するタイミングと推測して、建玉の仕掛けをするチャンスとなります。

45日ルールによる値動き

日経平均先物2019/5/22〜11/22

041

国内の機関投資家は 月の二営業日目から動き出す

初日に運用方針を検討するスケジュールが多い

大きな資金を動かす国内機関投資家の売買動向は、先物市場にも大きな影響を与えます。彼らは月毎、或いは四半期毎の運用成果を集計し、月が変われば投資の方針も少なからず変えてきます。月が替わればツキも変わるとよく言いますが、相場の流れが変わるのもその影響があります。

年金などの大きな資金を運用する国内機関投資家などは、アセットアロケーションで海外にも分散投資を行っています。海外市場終了後に前月末終了時点での各アセットの比率が変わっていれば、翌月に修正を入れてきます。海外市場終了後の月末分を集計し、月の初日に運用方針を会議の上で変更して、翌日から実際

に注文を出すというスケジューリングが出来上がっているのです。

筆者も月が替わった直後は、これまでの流れと異なる大きな注文が入ってくる可能性が高まるとみて、細心の注意を払い相場を見るようにしています。昔からの相場の格言に「二日新補は荒れる」というものがありますが、特に月初に流入してくる新規の注文がその月の流れを一変させることが往々にしてあるためです。

国内の機関投資家の動き

①海外市場終了後

↓

②月の初日にアセットアロケーションの変更（会議）

↓

③月の2日目から発注が行われる

一部銘柄で動いた
日経平均は修正も早い

東証一部の指数寄与度が高い銘柄をチェック

日経平均はTOPIXと比べると、ド
ル円など為替市場との相関が高い
上、ファストリやソフトバンクなど
東証一部での指数寄与度の高い銘柄
の値動きに大きな影響を受けます。

両指数の値動きに違和感のある日
は、日経平均指数寄与度ランキング
をザラバ中からチェックします。特
に材料がない中、こうした指数寄与

度の高い銘柄の上下動で日経平均だ
けが過剰に動いた日には、大引け後
以降のナイトセッションで修正の動
きが日経225先物市場で出やすくな
ります。

日経225先物ではこの値動きに逆
張りのポジションを持つことで、そ
の修正の動きで売買利益が狙えま
す。

寄与度を調べる

https://nikkei225jp.com/nikkei/

日経平均 寄与度ランキング				更新日時：1/10			
寄与度上位				寄与度下位			
ソフトバンクグループ	+17.51	4,878	▲1.69%	ファーストリテイリング	-63.76	61,990	▼2.78%
ファナック	+17.11	20,670	▲2.35%	KDDI	-1.51	3,288	▼0.21%
東京エレクトロン	+12.79	24,840	▲1.45%	信越化学工業	-1.44	11,960	▼0.33%
ユニファミリーマート・HD	+10.37	2,625	▲2.82%	デンソー	-1.15	4,850	▼0.66%
TDK	+6.84	12,550	▲1.54%	ブリヂストン	-0.97	4,007	▼0.67%
アステラス製薬	+5.94	1,880	▲1.79%	豊田通商	-0.90	3,810	▼0.65%
安川電機	+5.40	4,415	▲3.52%	東京海上ホールディングス	-0.86	6,042	▼0.79%
7＆iHD	+5.37	4,171	▲3.70%	セコム	-0.58	9,798	▼0.16%
アドバンテスト	+5.04	6,350	▲1.11%	伊藤忠商事	-0.56	2,574.5	▼0.60%
バンダイナムコHD	+4.79	6,569	▲2.07%	キヤノン	-0.54	3,060	▼0.33%

上位の数銘柄で100円近く日経平均が動くときもある。日経平均指数寄与度御三家はファーストリテイリング、ソフトバ
ンク、ファナックの3社になる

043

大口による打診売りからの買いのやり口

大口の参入で流れが変わる

大口投資家が本気で上げたい場合、彼らが寄り付きから素直に買ってくるとは限りません。最初はむしろ逆行するような小口の売りを出し、相場の底堅さを確認した後に買いを仕掛けてきます。

大量に買いを仕込みたい時には、売り物もなければ買えません。やり口としては、寄り付きから投げを誘うような売りを出し、上値のシコリ玉を解消させます。初動でその日の相場が弱いと市場参加者に思わせておくと、その後の戻りで新規のショートポジション（売り）も誘い込めます。ある程度下値が固まったタイミングで先物に断続的に買いを入れ相場を上昇させ、最後はショートカバー（買い戻し）をも巻き込んで一段高を狙うというものです。

大口の買い上げで相場の水準自体が大きく変われば、相場とは不思議なものでその後は他の投資家や市場関係者の見解も後追いで変わってくるのです。

（例）大口投資家が大量に買いたい時の手口

①最初は小口の売りを出す　＝　上値のシコリ玉を解消させる
　（その日の相場が初動で弱いと市場参加者に思わせる）

②売り一巡後に買い仕掛けを入れる
　（新規のショートポジションも誘い込む）

③断続的に買いを入れ相場を下げさせない

④引けにかけてショートカバーを巻き込み一段高を狙う

044

海外投資家の動向は投資部門別売買状況からわかる

海外投資家の動きは無視できない

　日本株売買の8割以上を占めると言われる海外投資家の動向を調べるには、毎週木曜日15時に日本取引所グループが発表する投資部門別売買状況からチェックします。前週までの結果ではありますが、足元の外国人投資家の投資動向を読むことができます。

　売買の傾向は数週間から数か月にわたって継続することが多く、スイングなどの中長期で先物を売買する投資家にとっては、相場の先行きを推測する上で格好の判断材料となります。

　相場のトレンドに変化が生じた時は、海外投資家による日本株の売買動向にも変化が起きていることが多くあります。大まかでも彼らの売買動向を掴んでおくことで、日々の売買の参考にしましょう。

海外投資家の動向

日本取引所グループ投資部門別売買状況
（https://www.jpx.co.jp/markets/statistics-equities/investor-type/）

投資部門別売買状況

株式	転換社債型新株予約権付社債（CB）	上場投資信託（ETF）	不動産投資信託証券（REIT）	海外投資家地域別株券	大証過去分	資料の見方	調査要綱及び投資部門の定義

週間　月間　年間

株式週間売買状況

バックナンバー：　最新

日付	株数		金額	
2019年11月第2週(11月11日〜11月15日)				
2019年11月第1週(11月5日〜11月8日)				

045

取引参加者別建玉残一覧で投機筋の動向がわかる

建玉の変化に注意しよう

CTAなど投機筋の先物建玉状況の変化を調べるには、毎週第一営業日の15時30分に、日本取引所グループのサイトで取引参加者別建玉残の推移をチェックすることができます。

前週終了時点の日経225先物やTOPIX先物の建玉残を、上位15社分の証券会社を見ることができます。大口の売買を行う主な外資系証券会社は、CTAの注文を取り次いでいることが多く、手間はかかりますがその建玉残の推移を、前週分と比較し

て累計し、増減を調べられます。

明らかに建玉に大きな変化が起きている時には、建玉の増減の傾向から彼らがどちらの方向を狙っているのか推測できるのです。実際、証券会社1社による日経225やTOPIX先物で1万枚を超えるような目立つ建玉の変化があった時には、その後に大きな水準の変化も起きています。

投機筋の動向

日本取引所グループ取引参加者別建玉残高一覧
(https://www.jpx.co.jp/markets/derivatives/open-interest/index.html)

取引参加者別建玉残高一覧

最新の4件分を表示します。
過去分を表示するには、該当する年を選択してください。

バックナンバー：　最新　∨

日付	指数先物取引	指数オプション取引	有価証券オプション取引
2019/11/15現在			
2019/11/08現在			
2019/11/01現在			
2019/10/25現在			

※　毎週第1営業日15:30を目途に掲載しています。

※エクセルファイルを開いて前週との増減を調べる必要がある

046

日本株に割安感が出ると
年金買いが入りやすい

日経225先物で相乗り売買するチャンス

国内年金の運用ではアセットアロケーションで投資先を日本株、国内債券、外債、外国株式などに分散しており、あらかじめその比率は決めてあります（図参照）。

仮に日本株が大きく水準を変えて下げた場合、他の分散投資先との比較で日本株の比率が低下することにもなります。低下した分だけその後の買い需要が発生します。

その修正のために国内年金のまとまった買い物が入るタイミングは、日経225先物でも相乗りで売買するチャンスになります。

大きな下げがあった後には弱気一辺倒になるのではなく、分散投資で比率が下がった分だけ日本株にもいずれ買い需給が生じてくると考える必要があります。中長期目線で見れば買い下がり、売り上がりのチャンスになるのです。

年金積立金管理運用独立行政法人（GPIF）の動きを把握する

GPIFのポートフォリオ（https://www.gpif.go.jp/gpif/portfolio.html）

047

アルゴリズム取引で相場の変動幅が広がる

相場の水準を無視して動く

マーケットの変動幅を予想すると、投資家としての経験値が高いほど変動幅は広くなり、経験の浅い投資家は狭い傾向があります。

また、最近はコンピュータシステムによって発注されるアルゴリズム取引が増えたことにより、一旦相場が動き出すと、上げ下げのうねりもなしに一方通行の動きになる傾向が強まっています。

機械は感情を持ちませんので、アルゴリズム取引が発動してしまうニュースのキーワードや他の市場の値動きに反応し、相場の水準感を無視して躊躇せず発注を行うからです。

これに対応するには、個人投資家も逆指値の注文を利用することです。建玉後にロスカット注文を入れるだけでなく、売り買いの仕掛けの場面でも利用した方がよいでしょう。

アルゴリズム取引とは？

コンピューターシステムが株価や出来高などに応じて、自動的に株式売買注文のタイミングや数量を決めて注文を繰り返す取引のこと

政府要人の発信するキーワードや、経済指標の数値に反応するような注文執行ルールなどがある模様

機械は躊躇せず発注を行うため、価格変動は一方通行になりやすい

↓

個人投資家は逆指値注文を用いて対応するしかない

048

短期で大きな値幅を狙えるのは下げ相場

下げ相場は値動きのスピードが速い

　「上げ100日下げ3日」との相場格言があるように、大きく早く相場が動くのは下げ相場の時です。

　投資家は買う時には冷静に検討した上で買い注文を出しますが、危険を回避する行動に出る時は、ジックリ考えることなく、まずは建玉を減らす行動に出るものです。これによ

り下げ相場は、上げ相場よりも値動きのスピードは速くなり、その値幅も上げ相場と比べて大きくなります。投資家が短期で大儲けを狙うのであれば、上げ相場よりも下げ相場に挑む方が儲けやすいのです。

下げの値幅は短期でも上げより大きくなる

日経平均株価 日足 2017/11/22〜2019/11/21

049

米国市場動向は朝の寄り付きで織り込まれる

寄り付きでの売買は実はよくない

米国市場が上昇、または下落した翌日に、日経平均株価が前日比の観点で同じ方向に反応する確率はおおむね70％前後と過去6年間のデータで出ています。

7割の確率で同方向になるからと、寄り付きからデイトレの売り買いの判断を下すと相場では間違ってしまいます。

前夜の米国株の上げ下げは、日経平均の寄り付き時点でほぼ織り込まれてしまうため、寄り付きから大引けまでの日経平均株価の日中の値動きとは別物になります。

仮に米国株の上げ下げの方向に、日経225先物で仕掛けたとすると、

その成功率は買いで45％、売りで42％程度しかなく、半分以上がマイナスの結果となります。

下の表を見ると、前夜に米国株が上昇すると翌日の日経平均株価も7割程度の割合で連動して上昇します。ただし、その動きは寄り付き時点で既に織り込まれてしまい、米株高＝日本株寄り付き買いの単純な構図ではないのです。

米国市場の前日比による上げ下げの方向に、寄り付きから順張りで乗っかっていく戦略は、確率的には分の悪い売買と言えます。

織り込まれる日経平均株価

米国3指数と日経平均の関係（2004年-2009年 6年間）				
	上昇（回数）	翌日経前日比上昇	上昇→上昇	日経寄り後上昇	上昇→上昇
S&P500	784	585	74.6%	338	43.1%
NYダウ	795	560	70.4%	365	45.9%
ナスダック	812	575	70.9%	379	46.7%
	下落（回数）	翌日経前日比下落	下落→下落	日経寄り後下落	下落→下落
S&P500	654	465	71.1%	344	42.8%
NYダウ	715	495	68.9%	390	41.4%
ナスダック	701	501	71.5%	376	42.4%

米国3市場における上昇と下落に対しての翌日の日経平均株価の騰落の割合と日経平均株価が寄り付いたあとの騰落の割合

050

ドル建て日経平均株価で 外国人投資家目線を確認する

視線を変えると水準がわかる

日本市場の8割以上の売買シェアを占める外国人投資家は、ほとんどが基軸通貨である米ドル建てで日本株を保有していると考えられています。

日経平均株価の水準を見る上で、円建ての日経平均株価の水準を見るだけでなく、為替の変化を加えたドル建ての日経平均株価の水準を見ることで、外国人投資家目線での水準感がわかります。

下のチャートを見ると下落時のサ

ポートラインや上値でのレジスタンスラインが、円建ての日経平均株価とは少し異なることがわかります。特にドル円の値動きは日経平均株価に大きく影響を与えますから為替を考慮した日経平均株価を見ることで高値、安値圏の判断をするのに役立ちます。

ドル建て日経平均株価はトレーダーズWEBでチャートを見ることができます。

ドル建てで見ることで目線を変える

ドル建て日経平均-トレーダーズ・WEB
https://www.traders.co.jp/domestic_stocks/domestic_market/kokunai_index/kokunai_index_chart.asp?ID=0102

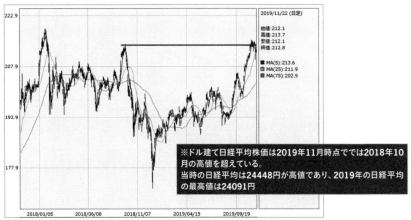

051

SQ値は抵抗ラインや 支持線として機能する

SQ値は売買が膨らむため節目になりやすい

　毎月第二金曜日の寄り付きに算出されるSQ値は、裁定取引の決済に多く使われる為、その日は売買代金も通常よりも増加します。当然ながらSQ値の水準で現物株を約定した投資家も増えますので、そこが節目になりやすいのです。

　一般的にSQ値を上回って推移していれば強気相場、下回って推移すれば弱気相場ですが、SQ値をなかなか上回れないような状況が長く続くと、その水準は強い上値抵抗帯とみなされ、戻り売りも出ます。

　一方、上値での抵抗帯を一気に突破した場合には、新たな上昇相場の起点ともなります。日経225先物では逆指値で買いのポイントとなりますので、SQ値を意識する必要があります。

SQ値前後の値動き

日経平均　日足　2019/5〜11月

SQ値抜けで一気に上昇

●はSQ値

最高値:23,640

最安値:19,960

SQ値とは　先物・オプション取引において、最終的な決済日に用いられる価格を示した指数。オプションの7も参照。

052

3・9月の権利落ち日は 日銀のETF買いが入りやすい

前日のナイトセッションの動向をチェック

　権利落ち日には配当落ち分だけ指数は下がってスタートしますが、このような日には配当落ちに逆張って買いを入れる投資戦略が有効です。

　後押しする短期需給としては、アベノミクス以降は日経平均株価自体の水準も高くなり、2018年10月以降日経平均株価の予想配当利回りでは2%を超えるような状況になっています。そうなると日経平均株価やTOPIXの配当落ち分も大きくなり、前場の下げ幅を見てから後場にETF買いを入れる日銀の買い付け基準にヒットする可能性が高くなります。

　日銀のETFの買い付けルールでは、配当落ち分を考慮に入れていないようで、そこは相乗りのチャンスになります。

　日経平均株価は、早めに配当落ち分を埋めればその後の相場は強いとされます。ただ、この指摘が見えて以降は実際の配当落ち分よりも当日は下げ幅が小さいことが多く、前日のナイトセッションで配当落ち後の日経平均株価が上昇すると見るならば、押し目買いのチャンスとなります。

日銀のETF買いの動向

日銀ETF買いは配当落ちを考慮に入れていない公算が高い

↓

TOPIXの配当利回りが、0.5%以上であれば、配当落ち日に日銀ETF買いが入る可能性は高い

平均配当利回り（売買単位換算）		
項目名	前日基準	予想
日経平均	2.15%	2.07%
JPX日経400	1.76%	1.73%
日経300	1.91%	1.87%
東証1部全銘柄	1.92%	1.92%
東証1部全銘柄（加重）	2.25%	2.31%
東証2部全銘柄	2.02%	1.98%
東証2部全銘柄（加重）	1.51%	1.60%
ジャスダック	1.78%	1.75%
ジャスダック（加重）	1.51%	1.51%

日本経済新聞　マーケット情報（2019年11/22現在）
https://www.nikkei.com/markets/kabu/japanidx/

053

日経VIでは24%以上が警戒水域

米国VIX指数より若干高い水域で見られる

日経VI（日経ボラティリティ・インデックス）は市場が予想している日経平均株価の今後1か月間の変動率を表します。

日経VIの警戒水域は、一般的に米国VIX指数の20%よりも若干高く24%超えと言われています。ボラティリティの高まりは、その数値を見て機関投資家がリスク回避のためポジション圧縮に動く契機となりますので、自動的に売り需要が発生し、相場は下がりやすくなります。相場の下落がボラティリティの上昇となり、ボラティリティ上昇がさらなる売り需要を呼ぶという傾向にあるのです。

日経VIが危険水域に近づいてきたら、買いポジションの持ち越しはなるべく避けましょう。これから近づく、あるいは超えるとみれば売り戦略で臨む場面です。

日経VIの警戒水域

日経平均VI　週足チャート　2014/11/25〜2019/11/24

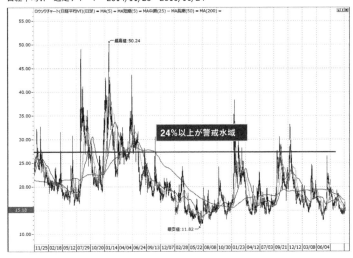

054

SOX指数の上昇は 日本株にプラス

連動して日本平均株価もあがる

米国の株価指標の中でも、チャートのトレンド形成でダマシの少ない指標は、半導体の製造や販売などの株式で構成されるSOX指数（フィラデルフィア半導体株指数）であると考えます。半導体業界は世界景気の先行指標としても見られており、SOX指数の上昇は、翌日の日本市場ではプラス評価とされます。半導体

関連株は、日本市場では指数寄与度の高い銘柄が多く、そこに連想買いが入れば日経平均株価も上昇しやすいのです。

NYダウが多少下げているような状況であっても、SOX指数が高かった翌日は日経225先物であまり弱気になる必要はありません。買い戦略で臨みます。

日本の半導体業界の先行指標

SOX指数2019/5/22〜11/22

Section.2 先物・市場の動きへの対応

072

055

上海総合指数は
プレオープニングに注目する

上海株は中国景気の注目度として高い

米中貿易摩擦が起きて以来、中国景気の行方を占う上で上海総合株価指数の注目度がより高まり、日本株も上海株の上げ下げに連動する傾向にあります。

上海株は中国政府の政策、経済指標に左右されやすく、ニュースフローをよく確認しておく必要があります。

オープン時間の10時30分ではな

く、プレオープニングの10時15分時点での上海株の気配値をみて、相場の方向性の判断を下します。

中国株に力を入れている国内の総合証券では内藤証券が、ネット証券ではSBI証券、マネックス証券、楽天証券などがあります。中国株の情報も入手できるような体制にしておきましょう。

米国10年債利回り上昇は日本株にプラスに働く

米株式にはマイナスだが…

米国10年債利回り（米国金利）が上昇すると、日米の金利差の拡大でドル高円安になりやすく、金利の低下ではドル安円高になる傾向があります。

米国金利の上昇は米株式市場にとってはマイナスで、米株下落は日本株の下落要因ともなるのですが、それ以上に為替の円安の方が現在の相場では注目されています。そのため米国金利の上昇は日本株にはむしろプラスの材料とみなします。

先物売買においても、ドル円の値動きを見ると同時に、時間外の米国金利の動向をチェックして売買しましょう。米国金利が明らかに低下傾向の時は、その後にドル円も円高になってきますので、日経225先物は売り目線で臨みます。

時間外の米国金利はブルームバーグなどで見られます。

米国10年国債利回りと日経平均株価の動き

投資の森　米国10年国債利回りとの日経平均株価　10年間の比較より
https://nikkeiyosoku.com/dgs10/

057 ドルインデックスが 強ければ日本株にプラス

2019年の動向から見る先物売買

ドルインデックスは他通貨に対するドルの相対的強さを表す指数です。これはドル円相場やクロス円相場に与える影響が大きく、ひいては日経平均株価の上げ下げにも関係してきます。

ドルインデックスが強く上昇していれば他通貨との絡みで一方的な円高にはなりにくく、日本株には安心感が広がります。ドルインデックス

が下落傾向にある時は円が強い状況でもあり、日本株にとってはネガティブ材料と言えます。

2019年のドルインデックスは、98台から上値が重くなる傾向があり、この水準からは為替面で円高方向への揺り戻しがイメージされます。よって先物売買でも積極的な上値追いには慎重になります。

ドルインデックスと日経平均株価の動き

投資の森　ドルインデックスと日経平均株価の1984年からの比較より（https://nikkeiyosoku.com/）

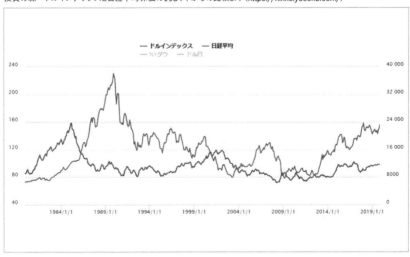

058

Fedウォッチで政策金利変更 される可能性をチェック

政策金利の変更は市場に大きな動きを起こす

ドル円相場の先行きに大きな影響を与えるのが、米国政策金利の変更です。

アベノミクス以降、日経平均株価は為替の円安をプラス材料としてきましたので、FOMCで政策金利の変更があると市場が読めば為替が大きく変動する可能性があります。FX取引をしない投資家であっても、ニュースなどFOMCの時期がいつであるかは認識しておく必要があります。

FOMCで政策金利の変更があるかどうかは、Fedウォッチでその可能性を日々チェックすることができます。日経先物では金利低下の可能性が高まれば、円高イメージの売りが連想されます。

Febウオッチで政策金利変更の可能性を探る

CMEグループ　Fedウォッチ（https://www.cmegroup.com/ja/trading/interest-rates/countdown-to-fomc.html）

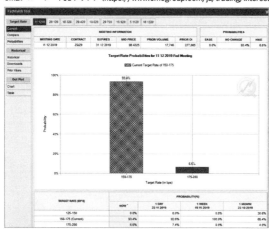

2019年12月11日のFOMCでの政策金利予想

1.5〜1.75%据え置き	93.40%
1.75〜2.00%利上げ	6.60%

Section.2　先物・市場の動きへの対応

Fedとは ❓ 連邦準備制度のことで米国の中央銀行の制度を指す。ちなみにFRBは日本銀行に相当する米国の連邦準備理事会のこと。

日銀金融政策決定会合では発表時間に注目

発表時間によって対応を変える

日銀会合の結果はほとんど前引け終了の11時30分から12時頃までには発表されます。その時間が後ずれすると、市場参加者は何か材料が出るかと緊張が高まり、市場のボラティリティも上昇します。

この時に先物の建玉がある場合は、相場がどちらに動いても慌てないよう逆指値注文を用いて急な値動きに備える必要があります。

もし結果が現状維持の場合に重要になるのは、引け後15時30分からの日銀総裁の会見です。現物株市場の終了後、かつナイトセッションの始まる前という微妙な時間帯であるがゆえに、会見内容によっては為替相場が動きますので、日銀会合の日のナイトセッションは相場が動いて売買チャンスとなります。

日銀金融政策決定会合の発表時間と金融政策

投資の森より（https://nikkeiyosoku.com/）

日銀金融政策決定会合の発表時間と金融政策

a

日付	時間	内容
2015/11/19	12:17	現状維持
2015/12/18	12:50	量的・質的金融緩和補完
2016/1/29	12:38	マイナス金利導入
2016/3/15	12:35	現状維持
2016/4/28	12:01	現状維持
2016/6/16	11:45	現状維持
2016/7/29	12:44	ETF買入額6兆円に増額
2016/9/21	13:18	イールドカーブコントロールに目標変更
2016/10/31	11:55	現状維持
2016/12/21	11:51	現状維持（景気判断上方修正）
2017/1/31	11:56	現状維持
2017/3/16	11:54	現状維持
2017/4/27	12:14	現状維持
2017/6/16	11:54	現状維持

060

日経平均先物の 出来高12万枚超は相場の天底

出来高の急増はトレンド転換の可能性

2011年頃までは日経先物の出来高が一日20万枚を超えるとピークでしたが、2018年以降の相場では12万枚がピークの目安となり、そのタイミングは相場の天底となっています。

出来高の急増は投資家の建玉状況に大きな変化があったと推測されますので、前日より急激に出来高が増えてきたら、その後のトレンド転換の可能性を強くイメージしてください。強気弱気のピークが出来高の数字となって表れますので、出来高の急増は天底をつけるタイミングとほとんど合致します。

年に何度も現れる事のないような出来高が出現したら、それ以降の先物売買ではスイングトレードの買い下がり、売り上がり開始のチャンスになります。

過去1年間の出来高

日経平均先物　日足　2018/11/22〜2019/9/11

061

日経平均採用銘柄の
入れ替えは影響が大きい

新規採用の銘柄によっては他の銘柄に売りが出る

　通常、日経平均株価採用銘柄の入れ替えは、9月初旬に日本経済新聞社から定期見直し銘柄が発表されます。また、それ以前に証券会社は入れ替え銘柄の予想を出します。

　銘柄入れ替えに伴い、値嵩株が新規に採用されると、他の224銘柄に換金売りが出て、日経平均株価が大きく下げる可能性があります。

　2019年3月のパイオニアの上場廃止に伴う臨時の入れ替えでは、候補のひとつであった村田製作所が採用されていたら、他の224銘柄に約5000億円分の売りが出た可能性がありました。その事態を警戒し、ファンドマネージャー間では日経225

先物を先回りして売る動きが出て、日経平均株価は大きく下げました。入れ替え時期には特殊売り需要が発生するのを警戒しましょう。

　なお、実際に3月8日金曜日の引け後に、日本経済新聞社が発表した採用銘柄はオムロンでした。翌営業日の3月11日月曜日は日経平均株価は安値をつけましたが、その後切り返しています。

　ちなみに売りがでる話は単純に、当時、1株約60円だったパイオニアの株を売ったお金で、1株約6000円の村田を買うにはお金が足りず、他の採用銘柄を売ることで買い付けの資金を捻出するという訳です。

採用銘柄の入れ替えによって起きる換金売り

日経平均　日足チャート　2019/01/15～2019/05/14

外部環境からはこれほど日経平均株価が下げる理由はなかったが、銘柄入れ替えの予想から先回りする形で換金売りが出た

062

配当金が出る6月と11月には買い需要が発生する

買い戦略のタイミングになる

6月上旬は3月末決算の株主に、11月上旬には9月中間配当金が入る時期です。

同時期に投資信託やファンドなどでは入った配当金を再投資に回し現物株に買いを入れます。当然株価指数も堅調になり、日経225先物を押し上げる要因となります。この買い需要を覚えておいて、この時期は買い戦略で臨むようにしましょう。

3月配当金による値動き

日経平均株価　日足チャート201901/15～2020/01/10

2019年の6月3日寄り付きから約1000円
11月1日寄り付きからも約1000円上昇している

弱気相場のナイトセッションがあると、その後安値を再度つけることがある

ナイトセッションはアルゴリズム取引が主流になる

日経225先物のナイトセッションでは、思わぬ安値水準を示現することがあります。ところが翌日に日中取引が始まってみると一変して戻し相場となることがあり、ナイトセッションで慌てて買い建玉を投げてしまい後悔することも往々にしてあります。

現物株が商いされていない時間帯での先物取引は、国内機関投資家などの先物市場への参入は限定的になるため、海外投機筋やアルゴリズム取引の独壇場となって、特に下げ相場では一方通行となりがちです。

経験則では、ナイトセッションで一度つけた安値は、後日の日中取引においてかなりの確率でもう一度その安値をつけに行く傾向があります。

翌日の先物取引では、ナイトセッションの行き過ぎと思われる安値であっても、もう一度つけに行く可能性はあると覚えておきましょう。

064

高値が意識される時間帯は13時前後が多い

前場で下げた相場では日銀のETF買いが入ることがある

後場寄り直後から13時までは、前場の値動きを見て後場の有望銘柄を検索した投資家が改めて買い注文を入れる時間帯です。

前場である程度下げた相場では、日銀のETF買いが後場から入り、注文が執行され始める13時前後が戻し相場の第一波となりやすいのです。ただし、売りの需要より日銀の

ETF買いの方が強い日は、日経225先物は大引けでその日の高値圏まで押し返すこともあります。

経験則では、日銀のETF買いが入った日の前引け終了時11時30分の225先物価格よりも、20円以上上昇する確率は大まかに8割近くありました。

065

前引けでTOPIXの下げ率が0.5％超なら日銀ETF買い

前引け時点の動きをチェック

日銀が後場からETF買いを入れるかどうかは、前引けTOPIXの値下がり率から判定しているようです。市場ではおおむね0.5％超値下がりしている日に後場から買うと予想されています。

前引け時点の下落率が小幅な日や、上昇している日はまず買わないと思ってよいでしょう。後場から日銀のETF買いが入ると見た日には、

前引け前後に先回りして日経225先物買いを入れ、後場の戻りを狙って押し目買い目線で臨みます。ただし、相場が強い下落トレンドを形成している場面では、日銀のETF買いの効果も弱く後場で一段安することもありますので、あくまで売り方と買い方の力関係次第との割り切りも必要です。

株価指数先物

Section.3
先物・手法

066

寄り付きからの大幅ギャップダウンは売りを狙う

移動平均線の位置により信頼度が増す

ギャップダウンは何か予期せぬ大きな悪材料が出た時に起こります。その状況では寄り付きは買いではなく、むしろ売り姿勢で対処する方が儲けやすいと言えます。

寄り付き時点で全ての悪材料が織り込まれますが、寄り付き安となって上昇することは稀で、後にさらに安い場面が訪れることが多いのです。さらに下落時における寄りつき値の水準が、5〜200日移動平均線のいずれも下回っているような場面では、より売り戦略の信頼度が増してその後も下落傾向が続きます。

ギャップダウン相場では、値ごろ感からの安易な逆張りの寄り付き買いは禁物です。むしろ更なる安値出現を期待して、戻り売り戦略で臨むようにしましょう。

寄り付きの水準が移動平均線より下かどうか

日経平均先物　日足　2019/9/30〜2020/3/11

大きなギャップダウン時はむしろ売りを狙うが、その際は移動平均線と合わせて判断する

067

長大上ヒゲは相場の 天井形成となりやすい

押し目買いはしない方がいい

　上昇が何日も続いた後や、序盤では大幅に相場が上昇していたのに終盤で上昇分が打ち消されるようないわゆる「往って来い」で終了する相場では、その後に方向転換する可能性が高くなります。

　特に、日足チャートで長い上ヒゲを引いた後に安値引けに近い陰線が出現した場合には、目先は完全に天井形成となります。その後も下落がしばらく続くことが多いので、安易な押し目買いを続けると思わぬ損失を招きます。買い建玉は決済してドテン売りに回った方がよいでしょう。

「往って来い」では信頼度が高い

日経平均先物　日足　2019/5/22〜11/5

085

Section.3　先物・手法

068

長い下ヒゲのたくり足は底打ちとは言えない

下ヒゲのたくり足だけでは信頼度が高くない

チャートで連続下落が続いた後に長大上ヒゲの逆の動き（下ヒゲのたくり足）が出現した場合には、短期の底打ち感が出て、その後相場が戻すこともあります。

ただし、上ヒゲチャートと異なるのはその信頼度で、下ヒゲたくり足の場合には翌日も続落することが往々にしてあります。この日だけで完全に底打ちだと強気一辺倒になるのは危険です。経験則からは、たく

り足だけでは信頼度が乏しいと言えます。

仮に底値圏で買えた建玉であっても、大引けまでに一旦決済して、建玉の持ち越しは手控えて様子見とした方が良いでしょう。

下ヒゲのたくり足で判断は禁物

日経平均先物　日足
2019/5/22〜11/5

8月1日の長大な下ひげではその後に何度も安値試しの局面があった

069

騰落レシオでは買いの
局面の方が信頼度は高い

下落局面の70%台が反発に転じやすい

騰落レシオは一般的に逆張りの際に用いられる指標ですが、「120％超では買われ過ぎ、70％台で売られ過ぎ」とされています。

信頼度が高いのは下落局面での70％台の方で、こちらは70％台まで落ち込むと、その後相場が反発に転じるのも早い傾向があります。

一方で、120％超では上昇相場が続き騰落レシオが120％を超えてき

ても、すぐに反落に転じることは少なく、強い相場がしばらく続き、その後にさらにもう一段高の高値を付けるなど、後ずれすることが多いのです。

120％超では新規売りはゆっくり構え、70％台なら新規買い下がりを開始し、もし60％台まで落ち込むなら絶好の追撃買い増しの場面だと考えます。

Section.3 先物・手法

騰落レシオの%ごとの傾向を掴もう

投資の森　騰落レシオ　日経平均　テクニカルチャート（https://nikkeiyosoku.com/up_down_ratio/）

騰落レシオ（25日）　（11/22更新）

113.00 -5.90(-4.96%)

— 日経平均　— 騰落レシオ

120%と70%に線を引いている。

087

GC&DCのシグナルは
揉み合い相場に弱い

ダマシが多く、安定した利益が見込めない

チャート分析ではGC（ゴールデンクロス）は買い、DC（デッドクロス）は売りとされていますが、先物市場ではシステマティックに5日線と25日線がGCした局面で買い出動しても、タイミングが少々遅すぎて必ずしも儲かるとは言えません。

筆者は過去を遡って移動平均線のクロスで有効な日数の組み合わせがないかを検証してみましたが、上下レンジの狭い揉み合い相場ではダマシが多く、損失が続く傾向がありましたが、結局、ピタリと当てはまる最適なパラメータ日数は見つからず、安定した利益は見込めないとの結論に至りました。

先物売買に利用するのであれば、他のテクニカル指標と組み合わせて、GC&DCが出現する前に建玉するような工夫が必要です。

揉み合いではGC&DCはうまく機能しない

日経平均先物　日足
2018/11/22～2019/10/16

GC&DCによる買いはタイミングが遅く、揉み合いではダマシもでてくる

071

空売り比率50%近くでは 短期リバウンドが入る

弱気相場を確認したうえで空売り比率を見る

　弱気相場において、空売り比率が高水準ということは将来の買い戻し需要の積み上がりも意味し、市場センチメントが弱気に傾き過ぎている状態とも言えます。

　空売り比率が瞬間的に48%を超えるような場面では、翌日の日経平均株価も反発する傾向があります。これは空売り比率と翌日の日経平均株価の値動きを比較するとよくわかります。

　日経225先物では、大引け後の空売り比率をチェックして、その数値が50%に近い状況なら、反発狙いの買いを検討します。もしナイトセッションでさらに日経225先物が下げるようなら、買い下がりのチャンスとみて、押し目を買う戦略で臨みましょう。

空売り比率をチェック

株式マーケットデータ (https://stock-marketdata.com/karauri.html)

空売り比率と日経平均株価のチャート（2019年）

空売り比率48%超では短期リバウンドが入りやすい

― 空売り比率　― 日経平均株価

空売り比率とは 　1日の売り注文全体に対して、信用売り（空売り）の割合を見る指標。東京証券取引所が公表する空売り集計を元に計算される

072

3月権利付き最終売買日は TOPIX先物に注目

大引け後の15分間に先物買いが入る

3月権利付き最終売買日の15時〜15時15分の間には、配当落ちに伴う大量のTOPIX先物買いが入るとされています。

配当金が支払われるのは、約2か月先となりますので、運用元本も配当落ち分が目減りした状態での運用となります。そのためパッシブファンドでは配当落ち分の金額にあたるTOPIX先物買いを、大引け後の15分間に入れるとされ、その額は約6〜9千億円とも推測されています。

この特殊な買い需要がある日の前後は、日経、TOPIX両先物で先回り買いなど、仕掛けの売買が入り乱れるタイミングになります。また、翌日以降にも分割して買いが入るとの思惑もあって、配当落ち後は相場が普段より強含む傾向があります。先物売買では売りから入らず買い目線で臨む方が儲けやすくなります。

最終売買日の動きをチェック

TOPIX先物　日足　2018/11/22〜2019/7/2

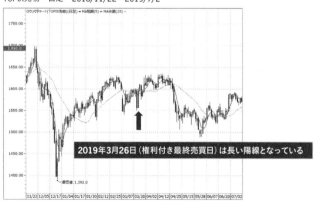

2019年3月26日（権利付き最終売買日）は長い陽線となっている

TOPIX先物の15時〜15時15分に大量の先物買いが入ることがある

073

米株の上昇とVIX指数の上昇は翌日の日本株が下がりやすくなる

微妙な相場の変化を意識する

　米国株が上昇しているにも関わらず、まれにVIX指数が僅かに上昇している日があります。通常は米国株が上昇すれば楽観が広がって、VIX指数は下落するのが普通ですから、この状態は微妙な懸念材料が市場に内包されていると言えます。経験則としては、翌日以降の米国株は弱含む傾

向があります。また、時間外のNYダウの上げ下げをみて取引される日本株も、翌営業日はやはり下げやすくなるようです。

　出現回数は多くはありませんが、「米株上昇＆VIX指数上昇」の局面が示現したら、先物売買は売り目線で臨む方がよいでしょう。

Section.3 先物・手法

NYダウとVIXの高低をチェック

投資の森　VIX時系列データ（https://nikkeiyosoku.com/vix/）

VIX 時系列データ（直近30日）

日付（現地）	NYダウ	前日差	VIX	
11/22	27,875.62	109.33	13.13	
11/21	27,766.29	-54.80	12.78	
11/20	27,821.09	-112.93	12.86	
11/19	27,934.02	-102.20	12.46	102ドル安
11/16	-	-	12.05	
11/15	28,004.89	222.93	13.05	ダウ上昇＆VIX上昇
11/14	27,781.96	-1.63	13.00	
11/13	27,783.59	92.10	12.68	
11/12	27,691.49	0.00	12.69	NYダウ変わらず
11/9	-	-	12.07	
11/8	27,681.24	6.44	12.73	ダウ上昇＆VIX上昇
11/7	27,674.80	182.24	12.62	
11/6	27,492.56	-0.07	13.10	
11/5	27,492.63	30.52	12.83	
11/2	-	-	12.30	
11/1	27,347.36	301.13	13.22	

出現回数は決して多くはないが微妙な変化を感じるべき（ここでの「安値引け」の定義はその日のほぼ最安値近くとしている）

091

日経225先物の高値引けは
翌日に弱含む傾向がある

上昇する力が続かない

先物が高値引けした場合には、いかにもそのトレンドが続くと想像し飛びつきたくなりますが、過去の値動きを検証してみると、翌日の終値と高値引けの水準を比べた場合には、むしろ下がっていることが多いです。

これはデイトレで取引を完結したい投資家の注文や、高値圏でのショートカバーによる大引けでの決済注文を巻き込んだことによる先物が高値引けとなった結果、一旦そこで上昇のパワーが燃え尽きてしまうためです。

大きな材料が出たのであれば話は別ですが、通常の値動きでの高値引けは、素直にその勢いに乗って買い仕掛けると失敗します。高値引けした直後のナイトセッションの先物売買では、買いではなく戻り売りの目線で臨みます。

高値引け後の動き

日経平均先物　日足
2019/8/22-11/22

短期で見る場合、高値引け後の次の日は弱含みすることがある

075 日足での安値引けはナイトセッションでの一段安に注意する

安値圏での安値引けは荒れ相場の前兆

先物が安値引けする回数は、高値引けする回数よりやや少ないのですが、現物指数面では翌日はさらに弱含む場面があると認識しておいた方がよいでしょう。特に日経225先物の場合、長大の陰線かつ安値圏で大引けた際には、ナイトセッションでさらに一段の安値を示現する傾向があります。

高値引けは慌てる必要はありませんが、安値引けの場合は荒れ相場の号砲となり、ボラティリティも上昇して下げ相場に突入する可能性があるので警戒しましょう。

安値引け後はナイトセッションの動きを確認

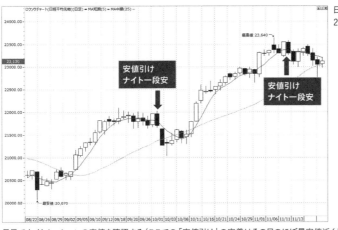

日経平均先物　日足
2019/8/22-11/22

日足でナイトセッションの安値を確認する（ここでの「安値引け」の定義はその日のほぼ最安値近くとしている）

寄りつき天井&陰線引けは 下落を示唆してる

デイトレの場合は特にチェックしたい

　先物がほぼ寄り付き天井となり大引けのローソク足が長めの陰線で示現した場合、それは高値水準で相当の売り圧力があることを示唆します。押し戻された高値水準を終値で完全に抜けきるまでは買いは慎重に行いましょう。

　デイトレの場合、日中の値動きがほぼ寄り付き天井のような状況で、大引け前にその日の安値水準でウロウロしているようでは、大引けにかけて見切り売りが出ます。よって終了30分前から大引けには売り仕掛ける戦略で臨みます。

　仕掛け後に先物が安値引けするようならば、ナイトセッションでの一段安も期待できます(先物の75参照)。

高値水準での売り圧力が強い

日経平均先物　日足
2019/07/16〜
2020/01/10

陰線示現後に相場が弱含んでいる

077

はらみ足の示現で
直近トレンドの弱化を確認する

ボラティリティも前日より低下している

　はらみ足は、前日の上下値幅内に上下値幅が収まるローソク足のチャート形状です。その形状になった場合は一日の値幅が小さくなりボラティリティも前日より低下していることを示します。

　連続陽線、連続陰線でトレンドが出ている場合であっても、はらみ足が出現したら直近のトレンドの勢いに陰りが出てきたと判定します。トレンドに乗って利益が乗っている建玉は、一部利食いを検討してもよいでしょう。

　はらみ足の後もさらにそれまでのトレンドが続くようなら建玉は継続、翌日もトレンドが弱まるようなら一旦決済して様子見に切り替え、次の方向性が出るまで待機しましょう。

Section.3　先物・手法

はらみ足の出現でトレンドに変化がある

日経平均先物　日足
2019/07/16～
2020/01/10

○で囲んだはらみ足の後に横ばいを経てトレンドの変化が発生している

078

イベントの結果による初動から大逆行する相場は狙い目

FOMCや雇用統計でよく起きる

市場において選挙や指標発表などのビッグイベントの結果が出た後、初動は大方の予想通りに相場が動いでも、その後に大きく切り返してイベント前の高値安値を逆に抜けてくる時があります。

具体例として、2016年米大統領選の結果を受けての切り返しがそれにあたります。また、よく起きるのはFOMCや雇用統計の結果を受けての

相場の切り返しなどがあります。

そのような場面では迷わずトレンド逆行相場の勢いに乗り、先物で大きな値幅を狙うチャンスとなります。

初動の幅が大きければ大きいほど、事前予想と逆の動きが出た時はその反動も大きいトレンドとなります。

イベント時の大逆行の例

日経平均株価 月足 2016/01〜2020/01

2016年11月の米大統領選ではトランプの勝利なら下落とみられていたが、相場は大逆行して17000円台から19000円台まで一気に急伸した

Section.3 先物・手法

078

イベントの結果による初動から大逆行する相場は狙い目

FOMCや雇用統計でよく起きる

市場において選挙や指標発表などのビッグイベントの結果が出た後、初動は大方の予想通りに相場が動いでも、その後に大きく切り返してイベント前の高値安値を逆に抜けてくる時があります。

具体例として、2016年米大統領選の結果を受けての切り返しがそれにあたります。また、よく起きるのはFOMCや雇用統計の結果を受けての

相場の切り返しなどがあります。

そのような場面では迷わずトレンド逆行相場の勢いに乗り、先物で大きな値幅を狙うチャンスとなります。

初動の幅が大きければ大きいほど、事前予想と逆の動きが出た時はその反動も大きいトレンドとなります。

イベント時の大逆行の例

日経平均株価 月足 2016/01〜2020/01

2016年11月の米大統領選ではトランプの勝利なら下落とみられていたが、相場は大逆行して17000円台から19000円台まで一気に急伸した

連続陽線・連続陰線は逆行する 足の出現で手仕舞いを検討

相場観ではなくローソク足の形で判断する

日足のチャート分析においては、3日以上連続して陽線や陰線が出現する場合は、その方向へのトレンドが順調に継続しているとの考えでよいでしょう。そして、そのトレンドが弱まった、または反転すると判断すればポジションの手仕舞いを考えることになります。

そのタイミングを推測するのは、相場観に頼らず連続の陽線・陰線とは逆向きのローソク足の示現によっ

て判断します。逆向きのローソク足の示現の確認は、大引けでの相場水準が重要になってきます。ただし、陽線・陰線が際どいほぼ十字足の場合になると相場の方向は迷いの状態ですから、トレンドの判断をもう一日先送りしてよいでしょう。

連続陽線後の値動き

日経平均株価 日足 2019/07/16〜2020/01/10

逆向きのローソク足は大引けでの相場水準で判断する

移動平均線の位置とローソク足の並びでトレンドを確認する

前日の安値、高値を更新しているか?

トレンド確認の際、移動平均線で主に着目するのは5日線と25日線になります。株式の基本でも言われるようにローソク足が5日線より下にいれば弱気、上にいれば強気相場ですが、綺麗にトレンドが出ているのかどうかは、そこからローソク足の並び方で判定できます。

前日の安値を下回らず、前日の高値を更新しているようならば上昇相場が継続中、その逆なら下落相場が継続中と判定できます。いずれでもない並びの場合は、トレンドがはっきりしない中立の状態で、相場は次の材料を待ちながら揉み合いと判断します。

位置を並びを確認(陽線での例)

日経平均株価日足 2019/07/16〜2020/01/10

四角の枠内は高値切り上げ&安値切り上げが続く綺麗な上昇。この流れが明確に途切れるまでは利益確定を急がない

081

指数先物での ストキャスティクスの使い方

スイングトレードで攻めるときは役に立つ

　ストキャスティクスは、一定期間の高値安値を元に売られ過ぎ、買われ過ぎの判定に使われる指標です。

　0に近づけば安値圏、100に近づけば高値圏です。また、その向きとその日の水準をみて、高値安値圏に到達するまでもう何日かかかりそうかも推測できます。

　現物指標でよく使われるストキャスティクスですが、先物で使う際に気を付けるべき点について言及すると、その水準感はほぼ変わらないと

思われます。

　ストキャスティクスの位置から推測して、戻り売りを出すべきか、押し目買いを出すべきタイミングなのかは簡単に判別できますし、大きなトレンドが出る時以外の通常の相場ではスイングトレードをする上で非常に役に立つテクニカル指標なのです。

Section.3　先物・手法

ストキャスティクスの見方

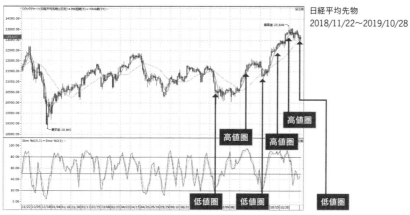

日経平均先物
2018/11/22〜2019/10/28

現物指標である株式とその見方は変わらない

082

指数先物での
ボリンジャーバンドの使い方

短期の逆張り戦略で用いる

確率や統計学でも用いられる正規分布理論によると、ボリンジャーバンドの±1σに収まる確率は約68.2％、±2σに収まる確率は約95.4％とされています。

平均からの乖離を見る指標であり、逆張り戦略の際に用いられますが、時間の経過と共に平均の数字自体も変わるので、高値や安値が続くと±2σに沿ってトレンドが続くバンドウォークと言われる状態になる時もあります。

先物の売買ではボリンジャーバンドはあくまで短期の逆張り戦略で用い、「安きを買って高きを売る」という売買に徹します。必要以上に建玉を引っ張り過ぎずにコツコツ決済することが儲けるには重要なポイントです。

Section.3 先物・手法

ボリンジャーバンドの見方

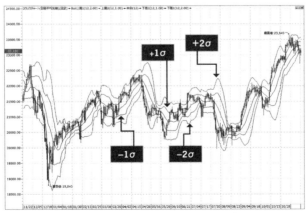

日経平均先物
2018/11/22〜2019/10/28

上下のラインを抜けると短期的な逆張りチャンスになる。先物でのボリンジャーバンドはあくまで短期的な反発狙いに徹するのがよい

083

短期のデイトレ手法
「マーケットプロファイル戦略」

午前に行うトレンドフォロー売買

マーケットプロファイル戦略とは、先物市場のオープニング8時45分から10時までの上下値幅を、それ以降に上下に抜けた場合に、その方向に合わせて仕掛ける短期のデイトレ手法です。

8時45分～10時までの上下の高安値を当日のコアレンジと仮定し、そのレンジを突き抜ければ、その方向にトレンドが発生していくと予想してトレンドフォローで売買を仕掛けるのです。

米中貿易摩擦問題が表面化してからは上海市場の動向が日本株の動き

に大きな影響を与えるようになりました。上海市場のプレオープニングの10時15分過ぎから10時30分頃から先物市場で徐々に方向性が出やすくなっており、この時間帯に10時までのコアレンジをブレイクすることも多くなっています。

実際に上海市場が始まる前の思惑の動きではありますが、先物売買ではその動きに乗って仕掛け、10時半からの上海市場のオープン結果（事実）が出て以降からは、建玉をどこまで維持するかを考えていきます。

マーケットプロファイル戦略

日経225ミニ先物
（20年6月限）
15分足
2020/4/14

8:45～10:00までのレンジ幅
19100～192600円をコアレンジとして想定
197270円抜けで19275円を新規買い
15:00の時点で高値19700円を付ける。
大引けで19610円で売り決済（335円分の利幅）

084

トレンドの変化を見越して仕掛ける「チャネルブレイクスイング戦略」

直近過去データの検証で仕掛ける

チャネルブレイク戦略は実に単純でありながら、相場のトレンドの変化を予想するトレンドフォローの売買手法です。

用いる時間軸は分足から日足、それ以上の長期まで利用は可能で、デイトレ、スイングでも使えます。

日足で考えた場合、過去4営業日のデータをまず検証します。これらのデータが前日までの最高値を抜ければ買い仕掛け、最安値を下回れば売り仕掛けます。特に一定の方向に相場水準を変えていく場面では、連続陽線、連続陰線の出現とともに、大きく値幅を取ることができます。

先物売買では、仕掛けのタイミングにこのシグナルを用いるならば、トレンドに乗り遅れることはまずないのですが、この手法はトレンドが出ない揉み合い相場に弱いことが挙げられます。トレンドが出ずに反転してしまう相場になると、逆に高値買い、安値売りになるので損失が続いてしまいます。

また、もうひとつこの戦略が苦手とする場面があります。それは中途半端にトレンドが続かない相場の時です。例えば3、4日強い相場が続いて高値更新で反転、また3、4日弱い相場が続いて安値更新で反転となる、拡大型のチャートの時です。

このパターンは年に数回しか出現しませんが、その場合は直近の高値買い、安値売りのリズムになってしまい、往復で損失となることがあります。

このダマシを回避するためには、終値ベースでしっかり高値安値を超えていることを確認してからとか、日経平均株価だけでなくTOPIXでもブレイクするのを確認してから建玉をするなどの工夫するのがよいでしょう。

チャネルブレイクスイング戦略

日経平均先物　日足　2019/9/25〜2020/3/13

トレンドが転換したらドテンで売買を行う

NYダウ先物は素直に トレンドが出やすい

高値安値後はその流れが続くことが多い

　株価指数先物の中では最も素直にトレンドが出やすいのがNYダウです。

　NYダウは一度高値安値を取ると、その後はその流れが続くことが多く、単純な高値安値ブレイクの売買でも利益が出やすいのが特徴です。

　マーケットの中で先物の建玉を行い、そこからの売買で獲得できる値幅は、相場に長時間入っていればいる程大きくなりがちです。

　2018年の後半からのNYダウでは、チャネルブレイクスイング戦略（先物の84参照）を使うことで、1回の売買で1000ドル以上の含み益となる場面が何度もあり、獲得値幅率が5％程度になる素直な連続上昇、連続下落が頻繁に起きるトレンドの出やすい市場となっています。

NYダウのトレンド

NYダウ
2019/9/25〜2020/3/13

先物の84で紹介したチャネルブレイクスイング戦略と相性がいい

オプション投資

基本テクニック
市場の動きへの対応
手法

オプション投資の技
概要

基本は理解しやすいように

株価指数先物と比べ、オプション投資での「基本テクニック」では、基本的な部分から解説をしています。オプションの基本的な用語や価格形成の仕組みについては、読者が理解しやすいようにかみ砕いて説明しましたが、本当に初歩的な部分は証券取引所や証券会社のHPでも紹介されていますので一部割愛はしています。

慣れてしまえば簡単なことなのですが、初めて聞く言葉やとっつきにくい英語やギリシャ文字なども出てきて、途中で嫌になってしまう方もおられるのです。本書では、これらデルタやボラティリティについても理解を深めながら徐々にレベルアップできるよう書いてあります。

オプションの買いから売りへと戦略のレベルアップ

オプションの買いは基本的に相場の方向を当てないと利益になりにくく、どのタイミングで建玉するべきかが最重要の課題です。そのタイミングを見るためにも実戦例を参考にして役立てて下さい。

また、多くのトレーダーが用いるオプション売りについても解説していますので、その魅力と欠点、売買に適した環境や仕掛けるタイミングについても理解してください。仕掛けのみならず、ロスカットについても十分に理解した上でルールを順守することが重要です。オプシ

ョンは相場の状況によっては先物と同等までリスクが高くなりますの
で、先物のヘッジ取引などの実例を出してリスク管理の面からロスカ
ットの重要性を繰り返し説明しています。大きな損失を出さないよう
に厳格にロスカットを執行する必要があります。

建玉をするタイミングは 過去データから手順と考え方を解説

「市場の動きへの対応」では、売買における着眼すべきいくつかの材料
について、実際に過去データを使った例を挙げて説明しています。ど
んなタイミングでオプションの買いをすべきなのか、その売り方やタ
イミングについても過去データを入念に分析し、投資家がどの権利行
使価格のオプションを売買の対象とすべきかを実戦例として詳しく紹
介しています。ここまで具体的に手順とその考え方を解説した本は今
までなかったと思いますので、日々の売買の参考にして頂ければと思
います。

ボラティリティの上昇を狙う戦略と リスクパラメータの解説

本書では日経225先物とオプションを絡めたボラティリティの上昇で
利益を狙う売買戦略まで紹介しています。ボラティリティの上昇を狙う
戦略は通常はオプションの買いのみが紹介されるものですが、先物を

絡めても利益が出る戦略もあるのです。その中で本書の強みとして強調したいのは、リスクパラメータを使っての将来的なオプションの理論価格の計算式について詳しく踏み込んで説明していることです。

数年に一度の割合では、ボラティリティの急騰する相場が繰り返し発生しており、まさかの異常事態が発生した場合には、ロスカットや利食いをするにしても、オプション価格がどの程度まで跳ね上がるかをあらかじめ知っておく必要があるのです。驚異的なプレミアムの跳ね上がり方が推測できれば、投資家としてリスク管理の面で大きなアドバンテージとなるはずです。

投資家が窮地に陥った時の対処法を紹介

オプション投資では勝率の高い売り戦略が主に用いられますが、多くの投資家が窮地に陥る場面では、相場のレンジ予想は当たっていてもボラティリティの高騰に伴う証拠金の管理とロスカットのやり方で失敗します。本書のロスカットルールを参考にしていただくと同時に、筆者の経験則からの市場から撤退する時の建玉の減らし方なども是非参考にして頂ければと思います。

オプション投資

Section.4
オプション・基本テクニック

日経225オプションの発注の仕方

価格の1000倍が約定代金

日経225オプションを発注する際には、①限月（げんげつ）、②権利行使価格、③コールオプション（買う権利）、プットオプション（売る権利）の順に指定します。

①〜③までを全て指定することで、株式取引における銘柄選択に相当します。あとはオプション価格（プレミアム。オプションの9参照）と枚数を指定すれば発注は完了します。発注自体は株式投資と変わりません。

また、約定代金はオプション取引の場合、価格を1000倍した金額になります。

最も安いオプションの価格は1円で、1円×1000倍＝1000円が約定代金となります。

約定代金にはさらに売買手数料がかかり、ネット証券ではおおむね約定代金に0.18％〜0.20％を乗じた手数料になっています。

日経225先物や日経225ミニは枚数に対して1枚当たりの手数料が決まっていますが、オプションの場合は約定代金が高くなるとその分の手数料も高くなります。

証券会社ごとに手数料の利率は違い、また、最低手数料も変わります。

発注の流れ

オプションの銘柄コードにあたるもの

①限月 （げんげつ）
②権利行使価格
③コールとプットの別

	ライブスター
日経225先物	191円
日経225mini	33円
日経225オプション	約定代金×0.14%（最低手数料：100円）

ライブスター証券より
https://www.live-sec.co.jp/225/fee/comparison.htm

（例）

9月限　21000 コール
・・・①②③で1セット

21000 コール　66 円 ×1 枚　新規買い
約定代金は価格 × 枚数 ×1000 倍＝ 66,000 円

上記の注文をライブスター証券で発注すると、0.14%の手数料である92.4円（1円未満切り捨て）になるが、最低手数料が100円なので、66100円がかかる総額になる

新規建てと決済で1対の動き。満期日に強制決済される

買いと売りでは証拠金の仕組みが変わる

オプション取引の売買において、新たにポジションを持つことを「新規建て」と言います。

オプションを買う場合には、買い付け代金が必要になります。新規買い建てを行うと、その買い付け代金は、あらかじめ差し入れておいた「預け入れ証拠金」から差し引かれます。これは現物株式の買い付けと同じです。

一方、オプションを売る場合には、投資家が選択したオプションごとに異なる証拠金がかかります。これを「必要証拠金」と言います。オプションの価格（プレミアム。オプションの9参照）の高いオプションを売る場合には、必要証拠金は高くなり、低いオプションを売る場合には必要証拠金も安くなります。必要証拠金があらかじめ差し入れておいた預け入れ証拠金を上回る場合には、証拠金不足で発注が出来ない仕組みになっています。

こうして投資家が新規建てしたポジションは、満期日前日の最終売買日まで自由なタイミングで反対売買できます。買い建てを決済する時は「売り返済」、売り建てを決済する時は「買い返済」と言います。最終売買日の大引けまでに決済されなかった未決済の建玉は、翌日の満期日で強制的に決済されます。

Section.4　オプション・基本テクニック

買いと売りでの証拠金の仕組み

新規注文 **（新規建て）**	買い新規	買い付け代金が必要 ━━┓
	売り新規	オプション売りのリスクに 応じた証拠金が必要（必要証拠金）━━┓
	※新規に売買され約定したものは建玉（たてぎょく）	
決済注文 **（建玉返済）**	売り返済	買い建てのオプションの 売却代金が入ってくる ◀━━
	買い返済	売り建てのオプションを買い戻す代金が出ていく ◀━━

流動性が高いのは
満期日が近い限月

限月の選定の基本

限月はオプション取引での銘柄の満期日を指定するものです。毎月の第2金曜日の満期日（SQ）まででどの限月でも自由に指定できます。限月の選定は、投資家が信用期日を自由に選べるのとほぼ同じことです。1か月後、もしくは数年後か、投資対象とするオプションの期日を自分で決められるのです。

例えば、2019年12月限（がつぎり）では、2019年12月13日（金）のSQ値（満期日に決済される価格のこと）を予想し、2020年12月限ではその月のSQ値を予想してオプション取引を行います。そして、最も近い満期日の限月を期近（きぢか）、次に近い限月を期先（きさき）と言います。

オプション取引では1か月後から数年後まで月限の満期日を指定できますが、2か月以上先はほとんど売買の約定がありません。通常、オプション取引では最も満期日が近い限月である期近のオプションを指定して売買します。

期先以降の銘柄を売買する場合には、「売り買いの板が離れている」、「流動性が低く不利な価格での約定を強いられる」などの欠点があります。

例えば2019年9月限であれば、9月第二金曜日の9月13日が満期日となり、その前日が最終売買日です。満期日の寄り付きでSQ値（特別清算指数、オプションの7参照）が確定し、それぞれのコールやプットオプションの最終価格も決定します。

満期日の見方

毎月第 2 金曜日が満期日（SQ）となる

限月は自由に選べる
※ウィークリーオプションもあるが、ここでは省く

期近とは最も満期日が近い限月
期先とは二番目に満期日が近い限月
2 か月以上先はほとんど約定がない

（例）
> 2019 年 9 月限
> 9 月第 2 金曜日の 9/13 が満期日
> その前日が最終売買日
>
> 満期日の（日経 225 銘柄の）寄り付き値を元に SQ 値（特別清算指数）が
> 確定する

004 権利行使価格を選んで売買する

SQ日までにその価格に到達できるかどうか

　権利行使価格は日経平均株価を参考にして、投資家が自由に選べるものです。

　現在の日経平均株価の水準と離れているほど、満期日（＝SQ日）までに投資家が選択した権利行使価格まで到達する可能性は低くなります。例えば、日経平均株価が21000円の時に、満期日に23000円まで上昇する可能性と、22000円まで上昇する可能性を比べると、前者の方が遠い分可能性は低くなります。

　オプションの価格（プレミアム。オプションの9参照）では、権利行使価格までの到達可能性の高低により価格が決まります。投資家が選択した権利行使価格が、日経平均株価に近いほどプレミアムも高くなり、その反応度合いも大きくなります。

　日経平均株価の上下動により、投資家が指定した権利行使価格との距離は日々変わります。日経平均株価が21000円の時に22000C（権利行使価格22000円のコールオプションのこと。オプションの5参照）を買うのと、21500円の時に同じ22000Cを買うのとでは、日経平均株価が安い時に買う方が安く買えるのです。

権利行使価格は現在の日経平均株価と相談して決める

日経平均株価の現在水準に近いほどコールの価格は高くなる
選んだ権利行使価格のコールに対して
日経平均株価が近づくのか遠のくのかを推測して売買する

（例）**2019 年 11 月 22 日、日経平均株価が 23160 円の時**
　　2019 年 12 月限　　24000C　　32 円
　　2019 年 12 月限　　23750C　　68 円
　　2019 年 12 月限　　23500C　　130 円

コールオプションの仕組み

日経平均株価が騰がればコールが値上がりする

　コールオプション（単にコールとも言う）とは指定した権利行使価格（オプションの4参照）で買う権利のことです。

　権利の売買というより、満期日までに選択した権利行使価格に、原資産価格（＝日経平均株価）が到達する可能性があるかどうかを価格表示されたものと考えればわかりやすいでしょう。

　例えば日経平均株価が21000円の時に、満期日に22000円に到達する可能性（22000Cもしくは22000コールと表記される）は100円、23000円に到達する可能性（23000C）は50円など、オプション市場の需給によってコールでのオプションの価格（プレミアム。オプションの9参照）も上下動します。このように通常は日経平均価格よりも高い権利行使価格のコールオプションが売買の対象になることが多いです。

　一般的に日経平均株価が上昇すればコールのプレミアムも上昇、日経平均株価が下落すればコールのプレミアムも下落します。日経平均株価とコールのプレミアムはおおむね順相関で動く傾向があります。

　21000円の日経平均株価が21500円まで上昇すれば、22000円に到達する可能性も高くなるので、22000Cのプレミアムは上昇するわけです。

コールオプションとは……

満期日までに日経平均株価が各権利行使価格まで上昇する可能性が価格として表示されるのがコール
日経平均株価が上昇するとコールの価格は上昇する

（例）2019年11月22日、日経平均株価が23160円の時

　　2019年12月限　24000C　32円
　　2019年12月限　24250C　15円
　　2019年12月限　24500C　6円

プットオプションの仕組み

日経平均株価が下がればプットが値上がりする

プットオプション（単にプットとも言う）とは指定した権利行使価格（オプションの4参照）で売る権利のことです。

プットは、オプションの5で解説したコールとは逆に、日経平均株価よりも低い権利行使価格のプットオプションが売買の対象になることが多いです。

例えば日経平均株価が21000円の時に、満期日に20000円に到達する可能性（20000Pもしくは20000プットなどと表記される）は120円、19000円に到達する可能性（19000P）は80円、18000円に到達する可能性（18000P）は25円など、オプション市場の需給に

よってプットでのオプションの価格（プレミアム。オプションの9参照）も上下動します。

一般的に日経平均株価が下落すればプットのプレミアムは上昇、日経平均株価が上昇すれば下落します。日経平均株価とプットのプレミアムはおおむね逆相関で動く傾向があります。

21000円の日経平均株価が21500円まで上昇すれば、20000円に到達する可能性（20000P）はより低くなるのでプットでのプレミアムは下落します。逆に日経平均株価が21000円から下落し、20000円に近づけば、20000Pのプレミアムは上昇します。

プットオプションとは……

満期日までに日経平均株価が各権利行使価格まで下落する可能性が価格ととして表示されるのがプット
日経平均株価が下落するとプットの価格は上昇する

（例）2019 年 11 月 22 日、日経平均株価が 23160 円の時

2019 年 12 月限	23000P	225 円
2019 年 12 月限	22000P	49 円
2019 年 12 月限	21000P	14 円

007

満期日のSQ値の決まり方

寄り付きもしくは最終気配値で値が決まる

　SQ値とは「特別清算指数」とも呼ばれ、毎月第二金曜日（この日は満期日、前日が最終売買日）の日経225採用銘柄の寄り付き値を元に算出されます。なお、225銘柄全てが寄り付かないとSQ値は決まらず、もし大引けまで寄り付かない銘柄がある場合は、その最終気配値で計算されます。

　3・6・9・12月限はメジャーSQ、それ以外はミニSQと言われます。

　最終売買日までに決済されなかった先物とオプションの建玉は、このSQ値で強制決済され清算されます。また、未決済のオプションの価格は、SQ値と権利行使価格との差額で計算されます。

　例えば、SQ値が21500円で決まった場合、21000Cは500円、21250Cは250円、21500円以上の権利行使価格のコールは0円が清算価格になります。プットの場合、21500円以下のプットは全て0円、21750Pは250円、22000Pは500円が清算価格です。

　なお、算出されるSQ値を使ったオプションの清算価格の計算ですが、満期日前におけるプレミアムの本質的価値の計算と全く同じになります。プレミアムは最終売買日までは本質的価値＋時間価値で表され、満期日を迎えると時間価値0となりますので、本質的価値のみの計算が清算価格の算出となるのです。

SQ値は毎月第2金曜日に算出される

メジャーSQ	3・6・9・12月限	先物のSQとオプションのSQが重なるSQ日
ミニSQ	上記以外の限月	オプションのSQのみ

SQ値と権利行使価格の差額がオプションの清算価格になる

プレミアムの本質的価値を
理解することが勝ちにつながる

権利の本質的価値とは？

コールは買う権利、プットは売る権利ですが、オプションの5と6で説明したようにそれぞれがまず投資家が選んだ権利行使価格まで日経平均株価が到達する可能性が価格となったものと考えて下さいと述べました。

では、オプションの価格（プレミアム。オプションの9参照）とはどのような概念でしょうか。

まず、オプションの価格には、本質的価値があるものと、ないものに分けられます。そして、この権利の本質的な価値をどのように考えればよいかを図の例を見ながら考えてみましょう。

例えばコールの場合、日経平均株価が21000円の時に、権利行使価格21000円ならば、日経平均株価を買う権利（21000C）の本質的価値は0円になります。今なら21000円で買えるわけですから、価値はゼロということです。

では、権利行使価格が20500円で買う権利（20500C）の本質的価値はどうでしょうか。現在の日経平均株価の21000円よりも500円安い20500円で買える権利ですから、価値は500円あります。

一方、同じ条件の時のプットの価値は、権利行使価格が21000円で売る権利（21000P）に本質的価値はなく0円です。その時の日経平均株価と同値である21000円で売れるからです。

しかし権利行使価格が21500円で売る権利ではどうでしょうか。21000円よりも高い21500円で売れるわけですから、500円の価値があります。

これが本質的価値と言われるものです。

本質的価値とは?

権利の本質的価値の考え方
　権利行使価格と日経平均株価の差額
　コールは買う権利　プットは売る権利

(例) 日経平均株価が 21000 円の時

21000（で買える）コール（権利）の本質的価値 0 円
20500（で買える）コール（権利）の本質的価値 500 円
20000（で買える）コール（権利）の本質的価値 1000 円

21000（で売れる）プット（権利）の本質的価値 0 円
21500（で売れる）プット（権利）の本質的価値 500 円
22000（で売れる）プット（権利）の本質的価値 1000 円

ただし、権利の本質的価値が 0 でもオプション価格は 0 とはならない（最終日までは時間価値もある。オプションの 9 参照）

009

プレミアムは本質的価値＋時間価値で構成される

プレミアムの時間価値はSQ算出でゼロになる

プレミアムとはオプション価格とも呼ばれ、オプションの価値を価格で表したものです。

プレミアムは本質的価値（オプションの8参照）だけでなく時間価値を加えたもので表されます。時間価値は満期日までの残存日数が長いほど大きくなります。残存日数が5日しかないのと、15日あるのとでは、単純に考えても時間価値は3倍になります。

プレミアムの時間価値は、①日経平均株価（原資産価格）、②IV（インプライド・ボラティリティ。オプションの13参照）、③残存日数の順に影響を受けて価格が変動します。日経平均株価とIVは日々の値動きで変動、残存日数は満期日（SQ日）までに時間の経過と共に減少し、満期日にはゼロになります。

①と②は日経平均株価の変動度合いによって変わりますが、例えば残存日数が同じであっても、一日に上下値幅で50円程度しか日経平均株価が動かない時のオプション価格の時間価値と、一日に500円程度も動く時の時間価値とでは、後者の方が時間価値は大きくなります。

プレミアムの本質的価値は権利行使価格と日経平均株価の差額で計算できます。そして、下記の例の条件では22000Pは1000円、21500Pは500円、21000Pは0円になります。本質的価値＋時間価値＝現在市場でのプレミアムになります。

プレミアム＝本質的価値＋時間価値

時間価値は満期日までの期間が長い分だけ価値があり、短くなるに従い価値が0になる

本質的価値と切り離すことでプレミアムでの時間経過の減少分がわかる

（例）日経平均株価が 21000 円の時

20750 コールのプレミアムが 300 円だった場合

本質的価値　250 円

時間価値　　50 円

010

本質的価値がゼロでも 時間価値がある状態 OTM

買うより売る方が儲かる可能性がある

OTM（アウト・オブ・ザ・マネー、Out of the money）とは、プレミアムが本質的価値ゼロの状態のことを指します。

OTMのオプションは時間価値しかなく、時間価値は日々減少する（タイムディケイ）のでOTMのオプションを買うことは、現時点ではまだ本質的価値のないものにおカネを出すことになります。まだ本質的価値がない状態のオプションを買うわけですから、損をする確率が高いと言えます。逆にOTMのオプションを売れば利益となる確率が高いといえます。

OTMのオプションのうち、どの権利使価格のオプションを売買の対象にするのかは、投資家が自由に選択でき、選ぶ権利行使価格により投資家の取るリスクも変わります。

例えば、日経平均株価が21000円の時に、4週間後が満期である権利行使価格の24000Cを買った場合、通常の相場状況であれば24000円まで日経平均株価が上昇する確率はかなり低いものと考えられます。そういう局面では、24000Cのプレミアムも数円（時間価値のみ）しかないわけです。ただし、日経平均株価が一日に1000円も動くような相場状況であれば、例え3000円離れていても到達の可能性は低くはないので、数円よりももっと高いプレミアムになると思われます。

OTM＝本質的価値なし

権利行使価格	コール	プット	
25000	OTM	ITM	
24875	OTM	ITM	
24750	OTM	ITM	
24625	OTM	ITM	
24500	OTM	ITM	
24375	OTM	ITM	
24250	OTM	ITM	
24125	OTM	ITM	
24000	OTM	ITM	
23875	OTM	ITM	
23750	OTM	ITM	
23625	OTM	ITM	
23500	ATM	ATM	日経平均23500円の時
23375	ITM	OTM	
23250	ITM	OTM	
23125	ITM	OTM	
23000	ITM	OTM	

OTMは本質的価値が0で時間価値だけのプレミアムで構成されたオプション

Section.4　オプション・基本テクニック

121

本質的価値があれば すべてITM

ITMのオプションはプレミアムが高い

ITM（イン・ザ・マネー、In the money）とは、本質的価値のあるオプションの状態のことを指します。これに残存日数がある場合(最終売買日まで)は、時間価値分も上乗せされたプレミアムとなります。

例えば、日経平均株価が21000円の時、21000Cは本質的価値はゼロ、20875円以下の権利行使価格のコールは本質的価値がありますので全てITMです。20875Cの場合、本質的価値は125円で、現在のプレミアムが250円だとすると、時間価値は引き算すれば125円であることがわかります。

時間価値の125円は相場の変動度合いにより荒れ相場なら大きく、穏やかならば小さくなります。仮に今日と明日の相場の変動度合いが変わらないとすれば、残存日数が一日減ればその分だけは確実にプレミアムは減ることになります。これをタイムディケイと言います。

ITM＝本質的価値あり

権利行使価格	コール	プット	
25000	OTM	ITM	
24875	OTM	ITM	
24750	OTM	ITM	
24625	OTM	ITM	
24500	OTM	ITM	
24375	OTM	ITM	
24250	OTM	ITM	
24125	OTM	ITM	
24000	ATM	ATM	日経平均24000円の時
23875	ITM	OTM	
23750	ITM	OTM	
23625	ITM	OTM	
23500	ITM	OTM	
23375	ITM	OTM	
23250	ITM	OTM	
23125	ITM	OTM	
23000	ITM	OTM	

ITMは本質的価値があるプレミアムが内包されたオプション

権利行使価格が 日経平均株価と同じだとATM

OTMと似ているが本質的価値がゼロとは限らない

ATM（アット・ザ・マネー、At the money）とは、オプションの権利行使価格が日経平均株価と同水準程度の状態のことを指します。

日経平均株価が21000円の時は、ATMのオプションは21000Cと21000Pになります。上下の権利行使価格の真ん中で微妙な距離に日経平均株価がある場合は、最も近い権利行使価格をATMと考えます。

ATMのオプションは本質的価値がほぼ0に近いもので、プレミアムのほとんどは時間価値のみで価格が形成されているものになります。時間価値はATMで最も大きいものとなります。

ATM＝本質的価値がほぼ0に近いもの

24375	OTM	ITM		
24250	OTM	ITM		
24125	OTM	ITM		
24000	ATM	ATM	日経平均24000円の時	
23875	ITM	OTM		
23750	ITM	OTM		
23625	ITM	OTM		

ATMは権利行使価格と日経平均株価がほぼ同値の状態のオプション

013

オプションにおける
ボラティリティとは

インプライド・ボラティリティで表現される

ボラティリティとは株価の変動度合を示す言葉です。

ボラティリティには、ヒストリカルとインプライドがあり、オプション取引で着目するのはインプライド・ボラティリティ（IV）になります。なにかの説明において、「ボラが高い」「ボラが低い」など表現されるのはこちらのIVのことを指します。

例えば、日経平均株価の変動幅が一日に上下数十円しか動かないような相場は「ボラが低く」、数百円、もし

くはそれ以上動くような相場は「ボラが高い」相場と言えます。

日経平均株価の前日比とボラは比例するものではなく、今後予想される変動幅が大きくなるのかどうかで決まります。

ボラが高い相場では、指定した権利行使価格に日経平均株価まで到達する可能性が、ボラが低い時の相場に比べて高くなるため、本質的価値は変わらなくても時間価値分が大きくなってプレミアムも高くなります。

ボラティリティの変化

**日経平均株価の値動きが
穏やかな場合**

値動きが小さい

前日比ほぼ変わらず
↓
ボラが低い

時間価値
本質的価値

**日経平均株価の動きが
大きい場合**

値幅が
大きい

前日比ほぼ変わらないが
ボラは高くなる
↓
日経平均が水準を大きく変える
可能性が高まる
↓
本質的価値は変わらないが
時間価値は大きくなる

時間価値
本質的価値

権利行使価格ごとで
IVは変わることに注意する

IVを指数化した日経VIというものもある

IV（インプライド・ボラティリティ）はプレミアムがどの程度のボラティリティがあるのかを、ブラック・ショールズ・モデルを用いて計算されたものです。

権利行使価格ごとのオプションによって、それぞれIVが異なります。これはIVの高低はプレミアム変動の度合いを示すため、日経平均株価との距離が違えば異なるということです。

一方、日経225オプションのプレミアムから逆算的に算出されるIVを指数化したものが日経VI（日経ボラティリティ・インデックス）です。オプション取引においては、全体的なボラティリティの高低の動きやその推移を見るには、日経VIの動きをみて判断します。

投資家の恐怖感が高まると保険としてオプションが買われますので、それがプレミアムの上昇＝IVの上昇＝日経VIの上昇につながります。

権利行使毎にIVは異なる

2019年11月22日、
日経平均株価が23160円の時

2019年12月限 ▼
22125 より下

出来高建玉	IV	売買	現在値前日比	取引区分	権利行使価格
160 6487	12.14	24 21	22 --	新規買 新規売	24125
1005 18188	12.0	34 31	32 --	新規買 新規売	24000
417 2087	11.95	62 29	46 -1	新規買 新規売	23875
978 8058	12.21	78 47	68 +1	新規買 新規売	23750
684 4798	12.16	105 70	93 -1	新規買 新規売	23625
470 9889	12.26	135 125	130 --	新規買 新規売	23500
148 1296	12.75	180 170	180 +5	新規買 新規売	23375
158 8091	12.86	245 225	235 +5	新規買 新規売	23250
20 925	13.28	315 295	295 --	新規買 新規売	23125
7 18705	13.86	390 320	380 +15	新規買 新規売	23000

（コール欄内：出来高建玉 / IV / 売買 / 現在値前日比 / 取引区分）

コールオプションのプレミアム（現在値）とIV

ブラック・ショールズ・モデルとは❓　オプション価格算出のためのスタンダードな理論価格決定モデルのこと

プレミアムを
計算するリスク・パラメータ

4つの要素を中心にプレミアムが決まる

リスク・パラメータとはプレミアム形成に影響を与える変動要素のことで、①デルタ（オプションの16参照）、②ベガ（オプションの17参照）、③ガンマ（オプションの18参照）、④セータ（オプションの19参照）などがあります。このギリシャ文字は何に使われるかと言うと、日経平均株価とIVが変化した時に、プレミアムが一体いくらになるのかを計算する時に使われます。

個別のオプションそれぞれにリスク・パラメータがあり、プレミアムの値動きによってリスク・パラメータも刻々と変化します。また、投資家が売買を行って建玉したポジション全体（コール・プットを全て合算したもの）にも①〜④のリスク・パラメータを使って、日経平均株価がいくら動くと投資家が保有するオプション全体の損益がどの程度変わるのかを計算し、推測することができます（オプションの24参照）。

4つのリスクパラメータ

2019年11月22日、日経平均株価が23160円

現値	130 ↑ C	
	0(0.00%)	(05:30)
始値	125	(16:30)
高値	145	(17:15)
安値	115	(20:12)
出来高	470	
清算値	130.0	
IV	12.26	
デルタ	0.3101	
ガンマ	0.00053	
ベガ	19.112	
セータ	-6.549	
SQ日	2019/12/13	

225オプション12月限コール23500円のリスクパラメータ

デルタと日経平均株価で
プレミアムがどう動くかがわかる

すべてのオプションにはデルタが存在している

デルタ（Δ）とは、日経平均株価が1円上昇するとき、プレミアムが上昇する割合です。

コールオプションならばプラス表記、プットオプションならばマイナス表記になります。

ATMのコールオプションのデルタはほぼ+0.5となり、ITMになると+1に近づきます。もし225先物を1枚買っていると、デルタは+1に等しくなります。

日経平均株価が21000円の時、21000Cのデルタは正の値で+0.5とすると、日経平均株価が200円上昇した場合の21000Cのプレミアムは、+0.5×200＝＋100円で、100円分上昇します。同条件で21000Pのデルタは負の値で−0.5とすると、21000Pのプレミアムは、−0.5×200円＝−100円で、100円分値下がりします。

つまりデルタが、保有するポジションの傾きを表し、その傾きに日経平均株価の変動幅を乗じるとプレミアムの変動額が計算することができます。

全ての権利行使価格のコールとプットにはデルタがあり、＋のデルタのコールの買い保有は日経平均株価の上昇を期待することになり、ーデルタのプットを買い保有しているのであれば、下落を期待していることになります。

なお、投資家が建玉している全てのオプションのデルタを合計すると、ポジション全体の傾きがわかります。合計したデルタをみることで現在水準における期待している方向性がわかるのです。

デルタ＝日経平均株価が上下動した時の傾き

デルタが 0.31 の時に、日経平均が 200 円上昇すれば…
プレミアムの上昇幅＝ +0.31×+200 ＝ +62 円
デルタ分で 23500C は 62 円上昇する

※225オプション19年12月限コール23500円のリスクパラメータを元に紹介（オプションの15参照）

017

ベガはIVの変動を プレミアムに換算している

SQまでの残存日数が長いとベガの数値も大きい

Section.4 オプション・基本テクニック

ベガ (Vega) とは、IV(インプライド・ボラティリティ)が1上昇するとき、プレミアムが上昇する割合です。ベガが注目されるのはIVが跳ね上がる波乱局面です（オプションの49参照）。

混乱しないように注意すべきは、デルタとガンマは「日経平均株価が1円上昇する時」というように日経平均株価の変化を変数として、プレミアムに与える影響を計算するのに対して、ベガはIVの上昇を変数としている点です。

IVが日経平均株価の上下動でどれ

だけ変化するかは、その時の相場状況次第で、IVの動きからベガを考慮するときは仮定として考えるしかありません。ベガは常に正の値で、ATM付近でベガも最大になりITMまたはOTMになるほどベガは小さくなります。SQまでの残存日数も長いものほど相場変動の可能性が高くなりますので、ベガは大きくなり、IVが上昇した時によりプレミアムの上昇幅を大きくします。

ベガ＝IVの動きを変数として算出される数字

ベガは日経平均株価の変動ではなく IV の変動をみる
IV がどう変動するかはその時の相場状況で変わる

IV が 12.26 から 17.26 まで 5 上昇すれば…

プレミアムの上昇幅＝ 19.112×5 ＝ 95.56 円
ベガ分で 23500C は 95 円上昇する

※225オプション19年12月限コール23500円のリスクパラメータを元に解説（オプションの15参照）

018

デルタを補正するときに使う係数がガンマ

ガンマを使って日経平均変動後のデルタが算出される

ガンマ（γ）とは、日経平均株価が1円上昇するとき、デルタが上昇する割合です。

例えばあるオプションのデルタが0（デルタニュートラル）、ガンマ0.002の時に、もし日経平均株価が100円上昇すると、0（元のデルタ）＋（100×0.002）＝＋0.2となり、このオプションのデルタは＋0.2大きくなります。日経平均株価が500円上昇した場合は、0＋（500×0.002）＝＋1.00でデルタは+1になります。

基本的にガンマは日経平均株価の変動により、保有ポジションのデルタがどう変わるのかをみる係数で、相場変動後のデルタ、つまり保有するポジションの傾きを計算できるということです。

なお、ガンマからプレミアムの上昇幅を出す計算式は、デルタの補正計算とは別にあり、日経平均株価の変動幅の二乗にガンマを掛けて2で割って計算されます。

ガンマ＝日経平均株価が1上昇するときデルタが上昇する割合

ガンマが 0.00053 の時 日経平均株価が 200 円上昇すれば…

デルタ＝ 200×0.00053 ＝ 0.106
225 オプション 19 年 12 月限コール 23500 円のデルタは…
0.3101+0.106 ＝ 0.4161 になる

ガンマがプレミアムに与える影響の計算式は
日経平均の変動幅の二乗にガンマを掛けて 2 で割る

プレミアムの上昇幅＝ 200×200×0.0053÷2 ＝ 10.6 円
ガンマ分で 23500C は 10 円上昇する

※225オプション19年12月限コール23500円のリスクパラメータを元に解説（オプションの15参照）

Section.4 オプション・基本テクニック

019

時間価値の減少からプレミアムの低下額をみるセータ

－10のセータは1日で10円減る

セータとは、一日経過した時に失われるプレミアムのことです。例えば、あるオプションのセータが－10の場合は、残存日数が一日減るとプレミアムが10円減るということです。

本質的価値と時間価値からなるプレミアムは、本質的価値の部分は日経平均株価の変動で刻々と変動します。時間価値の部分もIVの変動で刻々と変動しますが、満期日までの時間の経過によって、その分のプレミアムが必ず減ることになり、時間価値の減少により失われる部分もタイム・ディケイされることになります。

セータ＝一日経過した場合に失われるプレミアム

1日経過するごとの計算
1日経過　　－6.549円×1日≒－6円
2日経過　　－6.549円×2日≒－13円
3日経過　　－6.549円×3日≒－19円
※225オプション19年12月限コール23500円のリスクパラメータを元に紹介（オプションの15参照）

タイムディケイされることがオプション買いの不利な点と言える（オプションの 21 参照）

オプションの買いは損失が限定される

少ない金額で投資はできるが…

オプションの買いの利点は、少ない金額でも投資可能なことと、最大損失額がオプションの買い付け金額に限定されることです。

低額のオプションを買うと言うことは、現在の日経平均株価からより離れた権利行使価格のオプションを選ぶことになります。

例えば、日経平均株価が21000円の時に、22000Cと23000Cを比べれば、後者の方が21000円から離れているため、より安いプレミアムで投資することができます。ただし、その分日経平均株価が少々上昇した程度では、コールも値上がりしにくいと言えます。

少ない金額で投資するという面では、デルタが＋1に近いITMのコールオプションを買えば、225先物ラージを1枚新規で買い建てする時に必要な69万円（2019年10月現在）の証拠金より少ない金額で投資することが可能です。

例えば、2019年11月15日の場合、12月限の225先物が23360円の時に、ITMの12月限23000Cを540円（デルタは+0.64）で買えば、225先物と64％同等（デルタが+0.64のため）の値動きをするコール買いという選択肢もあるのです。この場合、予想が外れても最大損失額はプレミアムの買い付け代金54万円に限定されます。

オプション買いの利点

①少ない金額で投資可能
②最大損失額はプレミアム代金に限定

2019 年 11 月 22 日現在
日経 225 ミニ先物 1 枚を買うには 72 万円の証拠金が必要
（必要証拠金は日経平均株価の変動により一定ではない）

225 O P 19 年 12 月限 C 23500 円＝ 130 円　13 万円の投資金額
225 O P 19 年 12 月限 C 23750 円＝ 68 円　6.8 万円の投資金額

021

オプション買いの欠点は時間価値で割高だから

タイムディケイで値下がりしていく

オプション買いの欠点は、本質的価値以外に時間価値分だけ、割高なプレミアムで買わなければならないことです。

例えば、オプションの20で触れた2019年11月15日の場合、12月限の例でいくと、ITMの23000Cは残存日数が4週間あり時間価値の部分が大きくなっています。日経平均株価が23360円ですから、本質的価値は360円、時間価値は540円－360円＝180円になります。180円分が割高（本質的価値より）なプレミアムとなっています。

一方で同じ日のコールの場合、24000Cのプレミアムが91円（デルタ+0.21）、24500Cは26円（デルタ+0.07）、25000Cは6円（デルタ+0.02）となっています。いずれも日経平均株価の23360円から見ると、本質的価値はゼロで時間価値だけのOTMのコールということになります。今後、日経平均株価が200円上昇した場合でも、24000Cは42円（+0.21×200）、24500Cは14円（+0.07×200）、25000Cは4円（+0.02×200）のプレミアムの上昇と、日経平均株価ほど大きくはなりません。SQまで買いを持続した場合には、権利行使価格まで届かなければ全てゼロになってしまいます。

また、ITM、OTMのどちらのオプションを買うにしても、日経平均株価の上下動に関わらずタイムディケイ分のプレミアムは値下がりすることになります。オプションの買いは分が悪い勝負というのは、タイムディケイが逆風となるからです。

Section.4 オプション・基本テクニック

オプション買いの欠点

①本質的価値のないものに投資すると利益につながる確率が低い
②残存日数があれば時間価値分にもお金を出すのでセータ分が必ずマイナスになる

022

オプション売りは
タイム・ディケイが味方になる

コールの売りは有利な状況を作り出せる

オプション売りの利点は、時間価値があるオプションを売ることで、タイムディケイの分だけ買いよりも勝つ可能性が高くなることです。

これは、OTMでのコール売りの場合、日経平均株価がその権利行使価格まで上昇しない可能性に加え、時間価値の減少（タイムディケイ）が味方になります。

相場局面の観点に立つと、今後も相場が上昇なら方向性で不利になり、相場が膠着なら時間価値の減少分で有利に、かつ相場が下落ならさらに方向性＋時間価値の減少分で有利になります。3つの局面のうち2つの局面で有利な状況であると言えるのです。

オプションの20で触れた日経平均株価が23360円の時、ITMの23000C

のプレミアムが540円だった場合、本質的価値360円＋時間価値180円となります。仮にこのコールが値下がりすると予想して売る場合には、その後の相場の方向性はわかりませんが、少なくとも時間価値分は割高に売ることができます。また、SQまで売りを継続した場合、SQ日において日経平均株価が23540円未満になれば損益はプラスになります。

つまり、23360円の時に下がると予想して23000Cを売る。その後、日経平均株価が上昇したとしても時間価値の180円分までは、最終的にプラスになる。ということなのです。

オプション売りの利点

①時間価値があるオプションを売ればタイムディケイの分だけ勝率が高い
②ファーアウト（OTMで現在水準からかなり遠い権利行使価格）のオプションを売れば到達の可能性はより低くなる
③相場の3局面（上昇、膠着、下落）のうち膠着と下落の2局面でうまくいく

023

オプション売りは買いより
多くの証拠金が必要

ボラティリティの上昇も
評価損につながる

オプション売りの欠点は、買いと比べると多くの証拠金が必要になることです。

例えば、2020年1月22日の場合、2月のSQまでの残存日数は3週間+2日です。日経平均株価が23860円の時に、オプション売りをするための必要証拠金は、日経平均株価のATMから近いものほど高く、遠くなると安くなっていきます（図参照）。

プレミアムが17円の25000Cは、現在水準の23860円よりも1000円以上も上の権利行使価格になり、SQまでに到達するかどうか微妙な距離にあるオプションです。25000Cを買う場合は、プレミアム17円×1000倍の17000円で済みますが、1枚売る場合には34万円以上の必要証拠金がかかるのです。

また、オプションの売り手にとっては、ボラティリティの上昇が逆風になります。仮に相場水準が変わらずに、IVだけが上昇しても売っているオプションのプレミアムは上昇します。

SBI証券のオプションシミュレーターを使えば、日経平均株価の水準が変わった場合や、IVが変化した場合の概算のプレミアムの変化を推測することができます。

このシミュレーターを使うと、日経平均株価は23860円から水準は変わらない条件で、IVだけが1％毎に上昇した場合、24000Cのプレミアムは13％時の320円から345円→370円→394円→419円→444円と高くなっていきます。

逆に、13％時から1％毎に低下すると、プレミアムは、296円→271円→246円→222円→197円と安くなっていきます。IVの上昇はプレミアムを上昇させ、IVの低下はプレミアムを下落させることになるのです。

最後に、オプション売りの損失無限大についてです。厳密に言うとコール売りは青天井で上昇しますので、損失が無限大になりますが、プット売りは日経平均が0円以下には下がりませんので無限大ではありません。ただし売りのオプションがITMになると、先物を保有しているのとほぼ同等のリスクを抱えることになりますので、一般的には無限大と表現されます。

オプション売りの欠点

①売り建玉には多くの証拠金が必要
②ボラティリティの上昇が逆風になる
③万一の相場大変動があった場合は損失が無限大

2020年1月22日日経225先物23860円時点　残存日数3週間+2日

月限	OP	プレミアム	必要証拠金
02月限	25000C	17	347300円
02月限	24750C	35	427700円
02月限	24500C	71	523100円
02月限	24250C	135	639700円
02月限	24000C	235	807400円
02月限	23750P	285	819200円
02月限	23500P	205	686700円
02月限	23250P	150	573200円
02月限	23000P	110	469900円
02月限	22750P	83	379300円

SBIオプションシミュレーター(https://www.sbisec.co.jp/)

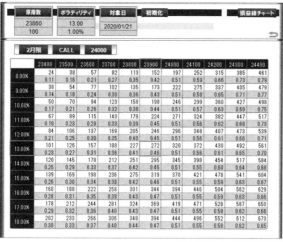

IVの動きでプレミアムの変化がわかる。権行使価格から目的の「現在値I-V」をクリックすると見ることができる

プレミアムの計算がわかれば推測が立ちやすくなる

将来のプレミアムを推測する計算式

オプションの16～19で解説したプレミアムに影響を与えるリスク・パラメータであるデルタからセータですが、日経平均株価が大きく変動した場合に、それらすべての要素を含めたプレミアムが幾らになるのかを計算することができるとリスク管理の面でも便利です。

リスク・パラメータがプレミアムに与える値は、「日経平均株価の変動幅」「IVの変動幅」を元に以下の4つの計算式を覚えておくとよいでしょう。

①デルタ分は、日経平均の変動幅にデルタの数値を掛ける。

②ガンマ分は、日経平均変動幅の二乗にガンマを掛けて2で割る。

③ベガ分は、IVの変動幅（％）にベガ

を掛ける。

④セータ分は、単純にそのまま足す。

現時点のプレミアムに上記で算出した4つの数値を合計すれば、将来的なプレミアムが算出することができです。

なお、IVは、実際に日経平均株価が何百円か動いた時に何％変動するのか、これは相場の状況次第なので推測するしかありません。日経平均株価の水準が同じ幅だけ変わっても、数分で動くのか、丸一日かけて動くのかによってもIVの変動幅は変わるからです。

簡単ですが要素と計算式を以下にまとめましたので参考にしてください。

プレミアムの動きに影響を与える値

変動幅によるもの
日経平均株価の変動幅（±）
IVの変動幅（±％）

リスク・パラメータによるもの
デルタ分＝日経平均の上昇幅×デルタ
ガンマ分＝日経平均株価の変動幅の2乗×ガンマ
ベガ分＝IVの変動×ベガ
セータ分＝セータ×日数

将来のプレミアムの計算式

＝現時点のプレミアム＋デルタ分＋ガンマ分＋ベガ分＋セータ分

025
コンスタントに利益を残したいのならば売り戦略

リスクは低いが買いは逆風になりがち

株式投資や先物取引では相場の方向を当てなければ利益になりませんが、オプション取引では相場の方向を当てなくても利益を出すことは可能です。

オプション取引において毎月、コンスタントに利益を残したいと考えて投資するのであれば、本質的価値のないオプションを売って時間価値の減少（タイムディケイ）を取る売り戦略を用いる方が有利といえます。

その戦略の一例として、ショート・ストラングル戦略（オプションの72参照）があります。これは相場の方向性とは関係なく、大まかな上下のレンジで勝負する売り戦略の代表格です。多くの投資家がこの戦略を運用の柱として用いています。

一方、買いの戦略は売りと比べて勝率は低くなります。オプションを買った瞬間から時間価値分の減少という逆風を受けることや、リスクが限定されるとは言え、そもそも本質的価値のない割高なオプションを購入するからです。

勝率という面からみれば圧倒的に売りが有利と言えるでしょう。買いは年に何回かある、相場の変動によるIVの急上昇は追い風ですが、安定性には欠けてしまいます。

相場の方向を当てずとも勝ちやすい方法

上下に広いレンジを想定して、遠く離れたオプションを売る
（例）日経平均株価が 21000 円の時
　　　上下に 3000 円離した権利行使価格のオプションを売る
　　　24000C　売り
　　　18000P　売り

距離を離せば離すほどプレミアムは小さくなるが、その分勝つ可能性は高くなる

026

ナイトセッションの原資産価格は期近の先物を見る

ナイトセッションでは日経225先物ミニ

　日中の取引時間のプレミアムは日経平均株価を原資産価格とみて、変動しますが、日経平均株価の現物指数が取引されていないナイトセッションでは、期近の先物価格を原資産価格とみなします。

　例えば9月限オプションで説明すると、9月限の日経225ミニの先物価格を原資産価格とみなし、10月限オプションの場合であれば、10月限日経225ミニの先物価格をみなしてます。

　また、このみなし方を使った戦略として、オプションを取引するトレーダーがミニSQ月の先物（1,2,4,5,7,8,10,11月限）を売買対象とする場面において、先物とオプションを絡めて、最終的に同時に決済するような時にも用います。

　なお、ナイトセッションでは、日中取引よりも参加者が限定されるため、オプションの流動性も低下する上に、アルゴリズム取引による売買で先物は上下に変動しやすくなっています。その影響でナイトセッションの方が日中取引時間よりもオプションのプレミアムが上昇しやすい時間帯とも言えます。

日経225先物ミニがナイトセッションの指標

ナイトセッションにおける原資産価格は期近 225 ミニ先物でみる

1 月限オプション ➡ 1 月限 225 ミニ先物
2 月限オプション ➡ 2 月限 225 ミニ先物
3 月限オプション ➡ 3 月限 225 ミニ先物

売買高の大きい日経 225 ミニ先物ではなく
あくまで同月限の 225 ミニ先物をみる
※日経225先物ラージはメジャーSQのみなので、みなす対象にならない

Section.4　オプション・基本テクニック

027 売買開始前に日経平均の 行方を予想する

ファンダメンタルとオプション要素を総括的に確認していく

オプション取引では次のSQに向けて日経平均株価がどう動くのか、大まかに予想を立ててから売買を開始します。

予想する材料としては「過去3～6か月の日経平均株価の高安」、「今後の日経平均株価、米国株の方向性」、「イベントカレンダーとドル円の方向性」などです。これらはいずれも相場の方向を予想する材料で先物と同じになります。また、オプション特有のものとして、「SQまでの残存日数とIVの水準感」は方向の予測と

は別にチェックして下さい。

これらをもとに日経平均株価の上下のレンジや相場の強弱、水準の大変動の可能性などをSQまでの期間で総括的に推測していきます。

オプションを買う場合には方向を当てる必要がありますし、売る場合においては、どの程度離れた権利行使価格を売るのかを判断する上で、原資産価格である日経平均株価の行方を予想することは重要と言えます。

Section.4 オプション・基本テクニック

売買開始前の検討要素

相場の材料

①過去3～6か月の日経平均株価の高安
②今後の日経平均株価、米国株の方向性
③イベントカレンダーとドル円の方向性

オプション取引独特の材料

SQまでの残存日数とIVの水準感
※相場の方向を当てずともよいと言えどある程度の方向を予想した方が対処もしやすい

半年分のSQ値の推移を覚えておく

直近の傾向が見えてくる

過去半年分程度はSQ値の推移は覚えておきましょう。過去のSQ値の推移については、大証HPで閲覧できます。

その傾向から日経平均株価の水準感や次のSQの着地点を予想します。その際、前月、前々月と比較してSQ値が上昇傾向か下落傾向かも確認します。

SQ算出では通常よりも売買が増加するため、算出されたSQ値がその後のレジスタンスラインや、サポートラインとして市場参加者から強く意識されます。

2017年以降のSQ値の推移（31限月分）を検証してみると、前回SQ比較から次の着地点が1000円以上変動したのは31回中6回（確率2割弱）で平均の変動幅は638円でした。途中経過は別にしてSQ値自体の8割強が前回SQ値から1000円未満の変動となっており、意外と動いていないのがわかります。

オプション戦略を新規に組む上で、相場観から今が底値圏にあるとみれば、リバウンドを警戒してコール売りは遠目にし、下値リスクは少ないとみればプットを多めに売るなどして少し工夫しても良いでしょう。

過去のSQ値を覚えておく意味

①幻の SQ など日経平均株価の重要な水準として多くの市場参加者が意識している
②推移の傾向をみて次の SQ 値予想の材料にする

幻のSQとは❓ 日経平均株価の高値安値が、その日算出されたSQ値に届かない状態

029

権利行使価格別一覧表は プレミアムの推測に役立つ

大荒れのときは参考にしない

　プレミアムの変化を厳密に計算するには、リスクパラメータが必要ですが（オプションの24参照）、大まかなプレミアムを推測するならオプション権利行使価格別一覧表が役に立ちます。

　例えば、21000Cのオプションを持っている時、日経平均株価が250円上昇したら幾らになるのかを推測すると、250円権利行使価格が下の20750Cの現在プレミアムが大体等しいものになります。同様に19000円のプットオプションでも、日経平均株価が500円下落した場合に幾らになるのかを推測した時、500円上の19500Pの現在価格と大体等しくなります。

　ただし、日経平均株価が大幅に変動した場合には、リスクパラメータの影響が大きくなるので、一覧表の現在価格との乖離は大きくなります。数百円程度の変動であれば、一覧表を使った権利行使価格をずらしての推測で適切な指値注文を出すことができます。

権利行使価格別一覧表で 大まかな価格予想ができる

現在のプレミアムが 130 円
（リスクパラメータが変わらない条件の下）

①日経平均株価が 250 円上昇
↓
権利行使価格 250 円下のコールの価格= 23250C = 235 円

②日経平均株価が 500 円上昇
↓
権利行使価格 500 円下のコールの価格= 23000C = 380 円

2019年12月限 23500C

978 8058	12.21	78 47	68 +1	新規買 新規売	23750
684 4798	12.16	105 70	93 -1	新規買 新規売	23625
470 9889	12.26	135 125	130 --	新規買 新規売	23500
148 1296	12.75	180 170	180 +5	新規買 新規売	23375
158 8091	12.86	245 225	235 +5	新規買 新規売	23250
20 925	13.28	315 295	295 --	新規買 新規売	23125
7 18705	13.86	390 320	380 +15	新規買 新規売	23000

030

順張りでのコールの 単独買いで勝率を上げる条件

高値をブレイクしているか?

　コール買いは日経平均株価の上昇を見込む時に用いる戦略で、最大損失はプレミアムの金額に限定され、最大利益は無限大の戦略です。

　単独のコール買いは時間価値の減少が逆風となるため、日経平均株価が横ばいや下落すると損失になります。一方で「短期間に早く上昇」する相場では、IVの上昇が追い風となって最も儲かりますので、その条件に合うタイミングで仕掛けます。

　その条件とは、前日高値を超える局面(=最も短期の相場上昇がスタートしたと思われるタイミング)が

よいです。

　トレンドは直近の高値安値をブレイクすると発生するものですから、早めに仕掛けるのであれば日経平均株価の日足チャートになります。しかし、早く仕掛けるとその分ダマシに遭う可能性も高まりますから、より慎重に買い仕掛けをしたい場合は、高値超えを判定する日足のローソク足の本数を増やし、仕掛けを遅くする必要があります。

　なお、コールのみの単独買いのことを、裸買いと呼ぶこともあります。

勝率があがる条件

順張りで攻める
何日も抜けなかった高値をブレイクしてきた時に500円上、1000円上の権利行使価格を狙ってみる(チャートの場合、22000円がブレイク)

Section.4 オプション・基本テクニック

031

コールのギャップアップは短期で逆張り

逆張りが有利になるとき

日経平均株価が前日比に上昇して始まり、コールの寄り付き気配がギャップアップで始まるような場合には、オプション取引では順張りの買いではなく、逆張りの売りの方が有利な傾向があります。

その理由はコールが高値寄り付きする局面でも、多少たりともIVも上昇しているはずで、その分通常より割高なプレミアムになるからです。

オプションの売買をする上では、IVの高い時のオプション買いは、手控えるのが基本スタンスです。特にコール側では寄り付きで高くなった

IVが、長時間その高水準を維持するのは、よほどの好材料でもない限り難しい傾向があります。短期での逆張りでコール売りに臨む方が儲けやすいでしょう。

寄付きでのギャップアップ

寄り付からコールがギャップアップ
↓
高値寄り付きに売り向かう戦略が有利

上昇相場では寄り付いてから、さらにボラティリティが上昇することは少なくIVも高いままではない
ちなみにリスク回避相場でのプットの寄り付きによる売りはリスクが高いので見送る

032 大化けを狙うなら OTMコール買い

本質的価値ゼロのコール買いは基本損

オプションの31に関連して、相場の上昇に確信は持てないけれども、投資金額を少なめに抑えて大化けを狙いたい時や、コールの変化率の大きさに着目してプレミアムが安いコールを枚数多めにして買う戦略もあります。

基本的に本質的価値ゼロのコールを買うことは、利益につながる可能性は低くなります。ですが、そのような割り切り投資でリスクを果敢に取ろうとする時には「OTMのコール買い」を選択します。

過去には1円のオプションが数百倍に大化けした例も実際にあります。もちろん投資のタイミングを的確に当てることは不可能です。ただし、1円のオプション買いで何百連敗しても、一度の爆発で一気に取り返せるのは魅力です。また、その1円のオプションとはいかないまでも、数円から数十円程度の安いプレミアムのコールを狙うことは可能です。

特にSQ週は相場が荒れやすくなります。経験則からは残存日数が少ない時の方が波乱が起きていると感じます。

リスクを知ったうえでの大化け狙い

日経平均株価　日足　2019/7/22～9/20

20750円の抵抗線を抜けたところで、
1000円上のOTMのコールオプション21750Cの買い
この時は1週間後にITMになっている

033

上昇相場はITMの
コール買いがよい

損失を抑えられる一方で利益が大きくなる

上昇相場で方向に相当の自信がある場合、投資のリターンの観点でみると最も効率的なのは、「225先物ミニの買い」です。日経平均株価の上昇分を100％取ることができます。ですが、直に225先物ミニの売買は、相場を読み間違えた時の損失が大きくなります。読みが外れて下落した時の失敗も100％直撃することになるのです。

相場観では強気であっても、値下がりした場合の損失を一定額に抑えたい時には、225ミニ先物を使わずに「ITMのコール買い」を選択します。

このコール買いの利点は、成功すれば先物を買っているのに近いリターンが利益として狙えることです。どの程度のリターンになるかは、買い付け当初のコールのデルタが示します。+0.6のデルタなら60％、+0.8のデルタなら80％がリターンということになります。

また、予想が外れて相場が大きく下げたとしても、先物買いと違って損失額は初期投資額以上には膨らみません。

欠点としては、損失を一定額（コールの買い付け代金）に抑えられる一方で、ITMのコールはその分のプレミアムが高く、初期投資額も安くはないことです。

買い付け後に相場が一段高してきたら、225先物ラージの買いをリスク限定で買い持ちしている状態なので、期待が膨らみます。

損失を一定額に抑える

日経平均株価　日足　2019/07/22〜11/29

丸の時点21750円では、22250円へ今後上昇するのが濃厚とみて
21750円より若干下の権利行使価格21500C（ITM）の買いを行う

権利行使価格を離しすぎた
売りは妙味に欠ける

リスクとリターンが見合わない

オプション売りでは、日経平均株価の現在水準から、売る権利行使価格を遠くに離すほど、ITMになる可能性は低下します。その分、プレミアムも安くなってしまうので枚数を多く売る投資家もいるのですが、安全なように見えて実はリスクとリターンとが見合わない投資になってしまいます。

過去、SQから次のSQまでは最大で2533円下落した記録もありますので、数年に一度はその位の変動は起こり得ると考えておくべきです。

例えば、日経平均株価24000円で2000円下のプット売り、そこからさらに500円幅で離したプット買いの

クレジット・スプレッド戦略（オプションの76参照）を組んでいたとします。プット売りが27円でプット買いが13円だとすると、得られる利益は差し引き最大で14円です。もしもITMになって突き抜けた場合の最大損失は500円から当初見込み利益の14円を引いた額の486円になります。この場合、486÷14でリスクとリターンの比率は34.7倍となり、理論上34連勝のあとの1敗でマイナスになることになります。

戦略を組む前には、まずリスクとリターンの観点から投資の妙味があるかどうかを判断する必要があります。

投資のリスクリターンを計算してみる

現在の日経平均24000円

22000円の
プット売り27円

22000円を下回らなければ
22000P売りと21500P買いの
差額の14円が利益

21500円以下まで下落すると
500円－14円＝486円
の損失になる

21500円のプット買い13円

上記はクレジットスプレッド戦略（オプションの76参照）での損益。
この戦略では利益を差額でみるので14円になる
だが、2500円以上の下落が1度あると486円の損失が出る
リスクとリターンの比率は486円÷14円＝34.7
つまり34連勝後のわずか1敗でそれまでの利益が残らない投資になる

1回の勝利で得られる利益額
1回の敗戦で失われる損失額
勝利と敗戦の確率を計算し組んで
よい戦略かあらかじめ吟味しておく

035 権利行使価格に迷ったら 1000円幅か500円幅

いわゆる節目で意識される

通常、権利行使価格は、1000円→500円→250円→125円と刻み、順に出来高や建玉数が減っていく傾向があります。

投資家心理として1000円、500円刻みの大台の権利行使価格は、日経平均株価の心理的節目として意識されやすく、オプション売買における権利行使価格の選択対象になりやすいのです。

一方、250円や125円刻みの権利行使価格は、残存日数が長い時期は、そこまで細かく刻んで建玉する投資家も少なく、指値をしても約定が進みにくい傾向があります。

残存日数が短くなり、ある程度SQの着地点が見えてきてから、250円、125円刻みの権利行使価格のオプションを売買対象にしましょう。

節目の権利行使価格が出来高が多い

500円刻みの権利行使価格は他と比べて出来高も多い

ボラティリティが高くなると時間価値の部分が大きくなる（本質的価値の部分は変わらない）

036

5週間の限月は想定レンジを広げてリスクに対応する

残存日数が長い分変動リスクがある

SQ（満期日）の算出が終わり、次の月のSQの算出までの残存日数を確認すると、4週間の限月と5週間の限月があります。

2019年の場合、4月限、6月限、9月限、12月限が5週間の限月になります。プレミアムは、満期日までの期間が長ければ長いほど時間価値が大きくなります。残存日数が長い分、日経平均株価の変動リスクも高まりますので、投資家は想定する日経平均株価のレンジ幅も広げなくてはいけません。

オプション取引においては、特に5週間月の最初の一週間は、時間価値の減少分より日経平均株価の変動リスクの影響の方が大きく、オプションの値動きもわかりにくくなります。この場合、あえて一週間売買を見送って様子見とし、残存日数4週目からポジション組み始めてもよいでしょう。

基本的にオプションの戦略は、4週間を1クールと考えて、上下のレンジを見極めて方向感を間違えないように慌てず進めていきましょう。

第二金曜から次の第二金曜を1クールとして見る

2019年カレンダーから

SQは普段の5割増しで寄り付き値が飛ぶ傾向がある

先物オプションでは注目のイベント

　毎月あるSQ（満期日）は、先物オプションを取引する投資家にとっては注目のイベントです。

　SQ日までに決済をせず、当日に決済される建玉を保有する投資家にとっては、その着地点により大きく最終損益が変わるからです。投機筋の中には、あえてSQ決済で勝負を賭ける主体もいるのです。

　例えば、指数寄与度の高い銘柄（ファストリやソフトバンクなど）に対して、寄り付きで集中的に注文を入れることで、故意にSQ値を高くしたり安くしたりします。彼らはSQ日までに大量にオプション取引絡み

のポジションを持ち越し、保有ポジションの最終損益がより利益になるように、SQ値を動かしたいのです。

　日経平均株価は、2017年から2019年の統計によると（図参照）、前日の大引け値と翌日の寄り付き値では平均で107円変動しますが、前日の大引け値と翌日のSQ値では平均で153円変動します。これはSQ算出において思惑のある特殊需給が入り乱れるからです。個人投資家がSQ決済に建玉を持ち込むのであれば、想定以上に値が飛ぶことを覚悟しなければいけません。

前日の動きとSQの値動きとの比較

日経平均株価の終値と翌日寄り付きとの乖離幅

2017年1月5日〜2019年8月23日（646営業日）

最大上昇	391
最大下落	−463
平均±	107

平均107円の乖離

最終売買日の終値とSQ値との乖離幅

2017年01月限〜2019年08月限（32限月）

最大上昇	368
最大下落	−701
平均±	153

平均153円の乖離

038 日経VIのチェックで個別の オプションIVの動向を推測する

個別オプションをチャート化しているサービスはない

日経VIは日経平均先物、および日経平均オプションの価格をもとに算出されます。

投資家が売買の対象として選択しているコールやプットそれぞれに異なるIVがあり、一覧表でその変化を見ることはできます（オプションの14参照）。しかし、権利行使価格毎にIVの推移をチャート化して見られるサービスは、今のところ証券会社では提供していません。

個別のオプションIVの推移をチャートで見られない以上、日中取引において目先のIVが上昇基調か下落基調にあるのかを確認するには、IVの指数を目視して推移をみるしかありません。

その代用として利用すべきなのが、15秒間隔で算出される日経VIの分足チャートの動きです。日経VIがジワジワと上昇している場面では、個別のオプションのIVも上昇していることを意味します。

なお、日経VIの数値が15%以下の低位まで落ち込んでいる時には、個別のオプションでも反動高を警戒する時期が近づいていると考えます。大きく低下したIVはしばらく続いたのちに、必ず反発する局面が来ます。IVが低位の時期にはオプションを売り過ぎないように注意しましょう。

日経VIのチェック

各オプションの権利行使価格毎に IV の数値は変化しているが
権利行使価格毎の IV の推移をチャートでみられるツールがない
↓
15 秒毎に更新される日経 VI の分足チャートで代用することができる
※混同しないように注意したい
IVはインプライド・ボラティリティの略で日経VIは日経ボラティリティ・インデックスの略

039 売り建玉を持っての重要イベントの乗り切り方

重要イベント通過後のIVの低下を待つのがいい

IVはオプションが買われることで高くなります。特に相場水準を変えるような材料が出る可能性が高い重要イベントの前は、想定外の結果が出た場合のリスク回避の保険としてオプションが買われます。

オプションを買う理由は、リスクがプレミアムの買い付け代金に限定される為、ヘッジコストが比較的安く済むからです。それにより、事前にオプションの売り建玉を保有していた投資家にとっては、プレミアムが高くなって一時的にポジションの評価が悪くなることになります。

イベントの注目度が高ければ高いほど、直前のオプションIVは高くなりますが、結果が出てしまえば相場の方向性が決まるとともに、一気にIVも低下します。よってオプションの売り方は、結果の発表前にあせって買い戻しに動くよりも我慢する方が良い結果につながりやすいと言えます。

例えば、為替を動かす材料になる米雇用統計やFOMCの発表前などは、為替のボラティリティも高まりますし、日経オプションのIVも高止まりする傾向があります。

しかし、結果が出るとその夜のうちにも急速にIVは低下し、意外なほどオプションのプレミアムも安くなることが多いので、目先の値動きに惑わされない辛抱強さを持ちましょう。

重要イベント前はボラが上昇しやすい

重要イベントとしては以下のものがある
雇用統計
FOMC
日銀金融政策決定会合
総選挙などの国政選挙や米大統領選挙

040

差し入れ証拠金使用率は
三分の一程度に抑える

差し入れる証拠金には余裕を持たせることが大事

オプションを買う時は買い付け代金が、売る時には必要委託証拠金（必要証拠金とも証券会社によって変わる）がかかります。

必要委託証拠金のためにあらかじめ証券会社に入金しておくのが差し入れ証拠金です。

売りの場合には、日経平均株価の変動により、日々、必要委託証拠金の額（SPAN証拠金）も変わります。一旦売り建玉を持った後は、その建玉を維持するための維持証拠金が必要になり、維持証拠金が不足すると、追証が発生して発生翌日の昼までに不足分のおカネを入金しなければいけません。

この追証の事態を回避するためには、差し入れ証拠金に対する必要委託証拠金の割合（差し入れ証拠金使用率）は、差し入れ証拠金全体の三分の一程度までに抑えましょう。最大でも三分の二程度までが限度で、それ以上は無理をして建玉を維持している危険な状態と言えます。

差し入れ証拠金使用率が高い状態が長引くことは、ポジション的にも苦しい状況にある表れです。実際の相場の変動幅は投資家の想定する幅よりもかなり大きいものです。もしも、大引け後の値洗いで差し入れ証拠金の三分の二以上を維持証拠金として使用していた場合には、保有するポジションの一部は建玉の評価損益に関わらず、速やかに建玉を減らして相場変動のリスクに備えましょう。

差し入れ証拠金使用率に余裕を持たせておくことは、証拠金不足の発生を回避するとともに、次の新規建てのチャンスに機動的に出動できるような状態にしておくためでもあります。

オプションの売り戦略で大切なことは、ボラティリティの急激な高まりが起きた場面でも証拠金を気にしないで我慢できる状態にしておくことで、証拠金管理が重要なポイントになります。

追証を差し入れてまで建玉を継続するような状況は、追い込まれた状態で勝負を続けている状況ですから、最終的にほとんどが良い結果にはつながりません。差し入れた証拠金をすべて使っての勝負は絶対に避けてください。

維持証拠金率は30%が望ましい

必要委託証拠金	1,655,200 円
当社SPAN証拠金（注文含む）	1,343,200 円
当社Net Option Value	-312,000 円
維持証拠金(参考)	1,655,200 円
当社SPAN証拠金(建玉のみ)	1,343,200 円
当社Net Option Value	-312,000 円
拘束金額	10,509 円

※SBI証券の画面より

必要委託証拠金が 165 万円であるならば、
余裕を持たせて口座には 3 倍
165 万円 ×3 ＝ 495 万円
概ね 500 万程度の差し入れ証拠金にしておきたい

維持証拠金は割合でも把握しておくべき
差し入れ証拠金使用率＝必要証拠金 ÷ 差し入れ証拠金

> 使用率の通常は 30％程度が望ましい
> 70％近くなったら危険水域

オプションにおける
必要証拠金の考え方

ボラティリティ次第で必要証拠金は変動する

必要証拠金は投資家が新規に建玉を行う際にあらかじめ必要となるお金のことです。

必要証拠金は、「証券会社が定めるSPAN証拠金（注文含む）－ネット・オプション・バリュー」の数式で表されます。

ネット・オプションバリュー（Net Option Value、N・O・Vとも）とは、保有する建玉を全て決済した時に口座から差し引かれる金額のことです。

ネット・オプションバリューは、オプションを売っている場合には買い戻すためにお金が出ていくのでマイナス表示、オプションを買っている場合には転売してお金が入って来るのでプラス表示となります。

必要証拠金は、大引け後に値洗いされ、翌日は違う証拠金額となります。ボラティリティが高まれば必要証拠金も高くなり、その逆の場合には必要証拠金は安くなります。

各種証拠金の計算方法

■先物・オプション（OP）余力＝受入証拠金－必要委託証拠金－拘束される金額
■受入証拠金＝証拠金差入金額＋翌日の受渡額
■翌日受渡額＝先物決済受渡代金＋OPプレミアム受渡代金
■拘束金額＝先物建玉の評価損＋買OPでの購入代金＋手数料
■必要委託証拠金＝ SPAN 証拠金（注文含む）※－ Net Option Value
　※ SPAN 証拠金＝取引所 SPAN 証拠金（注文含む）× 掛目
■維持証拠金＝ SPAN 証拠金（建玉のみ）※－ Net Option Value
　※ SPAN 証拠金＝取引所 SPAN 証拠金（建玉のみ）× 掛目
■追加証拠金＝ { 維持証拠金－受入証拠金 }（プラスの時のみ計算）

Net Option Value は建玉を全て決済した場合に口座から差し引かれる金額
掛目は証券会社によって相場の変動状況に応じて変わる
SPAN 証拠金はポートフォリオから発生する翌日 1 日分の予想損益額が目安

042

金曜日のオプション売りの
利食いは手仕舞いを急がない

買い戻しは大引け前が望ましい

オプションの売り戦略では、ポジションを組んだ後は、相場の先行きを見極めて、辛抱強くなるべく売買をしないのも儲ける秘訣です。

特に週末である金曜日を迎えると、オプションは週末分の時間価値の減少が大引け30分前頃から一気に進む傾向があります。

オプションを新規で買うのであれば、一週間ジックリ検討できる時間のある月曜日に行い、オプションを買い戻すなら金曜日の大引け前が最も有望です。

特に金曜日には早めの利益確定を急がず、大引け前まで売りポジションを引っ張って、時間価値の減少分を取るのもテクニックのひとつです。

ただし例外として、金曜日の夜に発表される米国雇用統計などの注目のイベントを控えている場合には、その結果が出るまでは、VIが高くなりますので、経済カレンダーのチェックも欠かさないようにしましょう。

金曜日のオプション売り

金曜日は週末分の時間価値の減少が進む日
↓
オプションの売り建玉を持っている場合は決済を急がない

オプションを新規買いするなら月曜日
オプションを決済買いするなら金曜日

043 SPANシミュレーターで 必要証拠金を調べられる

ポジション組み換え時にも活用できる

オプション取引で一部の建玉を決済した際の証拠金を確認したい時や、追加で新規の建玉を組んだ際に、どの程度、証拠金が増減するかを調べたい時には、SBI証券が提供するSPANシミュレーターを使うと便利です。

相場の状況が変わり、ポジションを組み替える際には、現在保有するポジションを削って新規のポジションを組むわけですが、どの程度の必要証拠金に変わるのかをあらかじめ調べことができるツールです。

ポジションの組み換え前には予想建玉を打ち込み、必要証拠金をチェックします。また、リスクヘッジのために、新規のオプション買いを追加した場合の必要証拠金の減少額や、ヘッジ買いするオプションの枚数、権利行使価格を変えた場合の必要証拠金などもチェックしましょう。

これを使いこなしてリスク許容度の範囲内にあるのかを考慮した後に実際の新規発注やポジション変更を行いましょう。

SPANシミュレーターを活用する

SBI証券スパンシミュレーター　(https://www.sbisec.co.jp/)

044

プット売りはプット買いを併用する

単独で売買せずヘッジをかける

相場が暴落するとプットオプションが異常に跳ね上がるため、プットは絶対に売ってはダメという考えはある意味正解でもあります。

我々が経験したことのない世界恐慌が起きた場合の株価の下げ幅や、ボラティリティの上昇は想像がつきません。しかし、それでもプット売り（ポジションデルタはプラス）を完全に放棄することは、下げ相場（上昇が望めない相場）以外で儲けることを放棄しているのと同じことで、また、コール売りのみで稼ぎ続けるのも、かなり難しいと考えられます。

プット売りでも不測の事態に備えて常にヘッジをかける習慣があればリスクを減らすことができます。

余計なコストと思っても、必ずヘッジ（保険）をかけて最大損失を限定させておけば、プット売りを完全に放棄する必要はないでしょう。

例えば、クレジットスプレッド戦略と言われるヘッジ手法（オプションの76参照）がありますが、これは売るプットオプションのさらに下（外側）の権利行使価格のプットを同枚数買うことにより、最大損失をそれら2つの権利行使価格の差額までに限定させることができるのです。

プット売りとプット買いを併用

SBI証券スパンシミュレーター
2019年11月22日現在　日経平均23160円

2250P19年12月限プット22000円　売り49円
2250P19年12月限プット21500円　買い27円

必要証拠金は14.8万円、最大利益は2.2万円の場合
22000P売りを500円下の権利行使価格21500Pで買いヘッジを行うと、
最大損失は500円－22円＝478円→47.8万円

045

売り建玉の可能枚数で
証券会社を選ぶ

証券会社によって上限枚数が違う

オプション取引で儲けようとすれば、ある程度の証拠金を用意したうえで、買いだけでなく、それなりの売り枚数も発注できないと、月に数十万、百万円と継続的に儲けることはなかなか難しいです。

オプション買いのみで大きく儲けを狙うとしても、そのチャンスがいつ訪れるかは相場次第といえます。オプション取引で毎月継続的に利益を上げようと考えるのであれば、どうしても売り戦略を柱に組み立てざるを得なくなります。

オプションの売りはITMになった場合、225先物と同等のリスクがあ

ります。そのためリスク管理の観点から、ほとんどの証券会社でオプション売りに枚数上限を定めています。

2020年1月時点では、SBI証券の上限枚数が50枚と国内最大となっています。一方で預け入れ証拠金を増額して差し入れることにより、個別対応で売り枚数を増やしてくれるネット証券もあるようです。

自身の資金量に余裕があり、売り枚数増を希望するのであれば個別で相談してみても良いでしょう。

証券会社ごとにオプションの売り建玉可能枚数が異なる

2020 年 1 月 24 日現在で SBI 証券は現在 50 枚まで可能

ただし、以下のような相場状況の場合、証券会社の判断で機動的に変更される可能性がある

- ●市場のボラティリティの急激な高まり
- ●オプション市場の流動性の欠如
- ●金融危機などの異常事態

Section.4 オプション・基本テクニック

158

046

売り建玉枚数は先物でヘッジできる範囲にとどめる

相場の動きが大きいと対応しきれないことがある

2019年10月までのオプション市場では、コールのIVが10％台前半、プット市場が10％台後半と低位の傾向が続いており、オプションのプレミアムも安くなっています。

そんな中、一旦相場が動きだすと、連日300〜400円の上下動は頻繁に起きますので、例え戦略に沿ってヘッジをかけていても、ひとつの権利行使価格で10枚以上売っていると、評価損が大きくなることもあります。

もしも売っているオプションの権利行使価格にまで日経平均株価が到達するかも知れない変動が起きた場合でも、あせらずにすむように、売っているオプションの権利行使価格と、現在の日経平均株価との間に、余裕のある距離を持たせておくことが必要です。

数日でITMとなる可能性がある権利行使価格のオプションを売っている場合には、常に証拠金の範囲内で先物のヘッジができる枚数にしておきましょう。

具体的には先物1枚当たりの証拠金が69万円（2019年10月現在）ですから、そこから逆算して自分が差し入れている証拠金で間に合うのかを常に考えながら相場動向に気を配る必要があります。

Section.4 オプション・基本テクニック

売り建玉枚数は先物でヘッジできる範囲

数日で到達する可能性がある権利行使価格でのオプション売りは危険（証拠金が大きくなる可能性が大きい）

先物1枚の証拠金は72万円（2019年11月22日現在）

↓

差し入れ証拠金が720万円の場合

↓

片側コールまたはプットで売ってよいオプションの枚数は10枚以内

159

047 ナイトセッションでの 成り行きロスカットは危険

ナイトセッションは板が薄い

ロスカットは3倍ルールを決めて発注するのが望ましいですが（オプションの54参照）、ナイトセッションでこのルールに引っかかった場合、安易に成行のロスカットの発注を行うのは非常に危険です。

ナイトセッションでは、オプション売買の流動性は低く、板の厚さも日中の取引と比べるとかなり薄くなります。仮に10枚や20枚の成行注文を出すと、大きく値を飛ばされた価格で約定する可能性があるのです。

特にロスカットが発生するようなリスク回避の相場状況になると、オプションは買い（戻し）注文のみが殺到することになり、極端に流動性を欠いたスカスカの板状況になりがちです。

そのため、ナイトセッションであらかじめ逆指値注文を出しておく場合にはひと工夫しましょう。ロスカット条件に掛かった場合でも、成り行き注文とせず、指値での買い注文にするのです。1ティック、あるいは2ティック上までの指値注文で発注し、板が薄い状況下でも約定価格が大きく飛ばされないようにします。

必ず指値注文で行うべき

ナイトセッションは日中に比べて参加者が減少する

↓

オプションの板も薄くなる

↓

10枚、20枚単位の成り行き注文でも大きく値が飛ぶ可能性がある

対応策
数ティック上までの指値注文にする

オプション投資

Section.5
オプション・
市場の動きへの対応

048

100円程度の変動幅なら デルタだけで説明できる

デルタの方がプレミアムへの影響が大きい

プレミアムに最も影響を与えるのは、日経平均株価の変動です。その変動でプレミアムがどの程度変化するのはデルタとガンマを元に計算することができます（オプションの24参照）。

その計算において、日経平均株価の変動幅が小幅（おおむね100円程度）であれば、プレミアムの変動は、ガンマの要素は考慮にいれなくてもデルタだけでほぼ説明することができ

ます。

例えばデルタ＋0.5のコールオプションであれば、日経平均株価が100円上昇すると、＋100円×＋0.5＝50円上昇します。もしデルタ＋0.1であれば、＋100円×＋0.1＝10円上昇します。

デルタ－0.5のプットであれば、日経平均が100円下落すれば、－100円×－0.5＝50円上昇するということになります。

プレミアムはデルタを軸

リスクパラメータのうちプレミアムに最も影響を与えるのはデルタ

デルタ＝ポジションの傾きを表す≒投資家のリスクテイクの度合い

SBI証券 Option Simulator							
				12月限 損益線チャート		日経225先物 23130	
コール			権利行使価格	プット			
ベガ セータ	デルタ ガンマ	現在値 I・V		現在値 I・V	デルタ ガンマ	ベガ セータ	
17.335 -5.313	0.2423 0.00047	94 12.43	23625	0 11.52	-0.87 0.00029	11.802 -3.85	
19.46 -6.09	0.3059 0.00052	130 12.65	23500	500 11.79	-0.6825 0.0005	19.786 -6.129	
20.927 0.00054	0.3692	175 12.90	23375	420 12.12	-0.6344 0.00054	20.068 -5.812	
	0.4462 0.00057	230 13.21	23250	350 12.47	-0.568 0.00056	21.802 -6.371	
	0.5171 0.00056	295 13.59	23125	295 13.08	-0.4934 0.00054	22.126 -6.727	
	0.5607 0.00051	365 13.81	23000	240 13.30	-0.426 0.00052	21.747	
-6.952	0.6301 0.00048	450 14.62	22875	200 13.84	-0.387 0.00048		
21.219 -6.987	0.6364 0.00044	0 15.13	22750	165 14.31	-0.3084 0.00043		
19.939 -6.763	0.6903 0.0004	0 15.87	22625	140 14.99	-0.2678 0.00039		

コール買いの場合
権利行使価格が低い方がデルタの傾きも大きく投資家の取っているリスクも高くなる

プット買いの場合
権利行使価格が高い方がデルタの傾きも大きく投資家の取っているリスクも高くなる

049

IVの急騰はベガの影響が大きくなる

災害時などにはその影響が大きくなる

日経平均株価の変動の次にオプションへの影響が大きいのがIVの変動です。

日々の変動ではIVは1％程度が普通ですが、日経平均株価の水準が大きく変わりIVも急騰して5〜10％変動するような場面では、ベガの影響が大きくなります。

例えば、9月2日の2019年09月限21000C 110円時のベガは13.45です。そこにIVが10上昇すると＋10×13.45＝＋134.5円のプレミアムを

上昇させます。

2011年の東日本大震災の時には日経VIが70近くまで上昇しました。仮にオプションのIVが60上昇すると、ベガだけで＋60×13.45＝＋807円分も上昇させます。

特に日経平均株価が大幅に水準を変えるような場面では、ヘッジのオプション買いが大量に入ってIVも高くなりますので、ベガの影響を無視できなくなるのです。

IVの急騰によるベガの計算

2019 年 9 月 2 日の 2019 年 09 月限 21000C
110 円時のベガは 13.45
仮に IV が 10 上昇すると＋ 10×13.45 ＝＋ 134.5 円分プレミアムを上昇させる

2011年の東日本大震災の時には日経VIが70近くまで上昇した

050 IVの13%台は、売りではなく買いに目線を変える

コール、プットの上昇具合も確認する

IVの傾向を見るには、オプション一覧表でIVをチェックします。

権利行使価格が近いオプションのほとんどはIVの傾向に差はありません。数値的には13%台であればかなりボラティリティは低く、今後の反発も起こりやすいと考えます。

IVはもっとも低下して10%前後までが限度です。IVが10%近くならば、売りポジションのオプションは全て利益確定をすべきで、新規の売りは見送ります。

オプション一覧表を見て、コール、プットいずれかのオプションが軒並み上昇を見せているような時は、市場参加者の多くの考えが一方向に強気になっている証拠です。

特にプットオプションが軒並み買われているような時は、リスク回避の買い（戻し）が起こっています。それが下げ相場の初日であった場合、その後の連続下落を予想してボラティリティの上昇に挑む買い戦略を組むのがよいでしょう。

IVの数値を見る

SBI証券 Option Simulator オプション・シミュレーター							12月限 損益線チャート	日経225先物 23130
コール					プット			
ベガ セータ	デルタ ガンマ	現在値 I・V	権利行使価格	現在値 I・V	デルタ ガンマ	ベガ セータ		
17.335 -5.313	0.2423 0.00047	94 12.43	23625	0 11.52	-0.87 0.00029	11.802 -3.85		
19.46 -6.09	0.3059 0.00052	130 12.65	23500	500 11.79	-0.6825 0.0005	19.786 -6.129		
20.927 -6.572	0.3692 0.00054	175 12.90	23375	420 12.12	-0.6344 0.00054	20.868 -5.812		
21.94 -7.24	0.4462 0.00057	230 13.21	23250	350 12.47	-0.568 0.00056	21.802 -6.371		
22.127 -7.551	0.5171 0.00056	295 13.59	23125	295 13.08	-0.4934 0.00054	22.126 -6.727		

IVの13%台は売りに妙味のある環境ではない

051

IVが高い時にコールを買っても失敗しやすい

急落相場にIVが高くなる

プレミアムを決める要素は日経平均株価とIVです。

急落相場の直後はIVが高くなり、プレミアムも高くなっています。その後、急落した日経平均株価がリバウンドで上昇しても、IVは逆に急低下することで相殺され、コールのプレミアムは上昇しにくくなり、下手をすると値下がりしてしまうこともあるのです。

下落相場における日経平均株価のリバウンド狙いでコールを買う際はまず、急落によってIVが高すぎていないか確認し、少しでもIVが下がったタイミングで買いましょう。日経平均株価の水準感だけで判断して、リバウンドしたらコールも上昇するだろうと安易に考えると失敗する可能性が高くなります。

一つひとつのオプションのIVは刻々と変化しますが、IVをチャートで見るツールはありませんので、日経VIのチャートを代用して確認します。コール買いをしてもよい目安は、日経VIの数値が15%未満のタイミングです。

日経VIチャートで代用して確認する

日経平均先物　日足
2019/5/22～11/1

【実例】
2019年8月6日の安値後に、21000円台に回復したのは9月5日と1か月近くかかった。
8/5～6の2日間で1000円以上下げた為、ボラティリティが急上昇し、コールオプションのプレミアムもその分高くなる。
その後相場が下げ止まり落ち着くとボラティリティが急低下しプレミアムも減少してしまう

急落相場ではプットだけでなくコールのIVも高くなる
突っ込み局面でコールを買い、その後、相場が反発してもIVが下がれば相殺されてしまう

052

日経VIが15%未満の時は プット買い

下落相場ではヘッジされることで日経VIが上昇する

日経VIが低い時は、プレミアムが安くなります。この状況はオプションは売りではなく買いのタイミングと言えます。

高安の判断は日経VIの日足チャートの水準感を基に検討するわけですが、投資家のセンチメントが楽観に傾き、日経平均株価も高値圏にある時は、日経VIの水準は15%近くか、あるいはそれ以下に下落する傾向があります。そういう局面ではプット

買いが有効と言えます。

一般的に多くの投資家の手の内が悪くなる時は下落相場になりますが、ヘッジでプット買いが入ることでIVも高くなり日経VIも上昇します。

下落相場で高くなったプットを買うよりも、上昇相場における楽観の中で安いプットを買いで仕込んだ方がより楽に儲けられる可能性があるということです。

下落相場でのプット買い

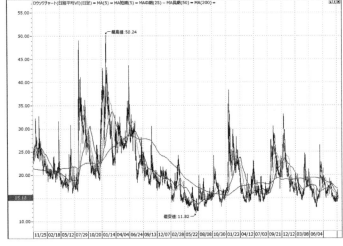

ロウソクチャート(日経平均VI)(日足) MA(5) MA短期(5) MA中期(25) MA長期(50) MA(200)

日経平均VI
2014/11/25〜
2019/11/22

最高値 50.24

55.18

最安値:11.82

11/25 02/18 05/12 07/29 10/20 01/14 04/04 06/24 09/13 12/07 02/28 05/22 08/08 10/30 01/23 04/12 07/03 09/21 12/12 03/08 06/04

日経VIは長期に低位で横ばいとはならず急反発と急落が繰り返されている

053

相場が高値圏での プット買いの条件

相場の上伸力が落ちてきたかを判断する

相場が高値圏の場合、逆張りでのプット買いの条件は2つあります。

「日経平均株価の上昇が前月の高値を更新するような高値圏で多くの投資家が楽観的な状況」と、「前週の安値を下回るような反落の動きを見せ始めた時」が重なるタイミングです。長く続いた上昇相場の高値圏において、前週の安値を下回るということは、相場の上昇力が衰退してきたことを意味します。

市場参加者の楽観の目安としては、日経VIが15％未満の時と考えればよいでしょう。この条件の時は、現在水準よりも1000円以上下のプットオプションを買いで仕込むチャンスになります。

日経平均株価がまだ高値圏にいる時は日経VIもまだ低いので、プットのプレミアムも安く買える状況にあります。そのタイミングで「前週の安値を切る」ような反落を見せ始めた時は、大きな下落相場の入り口になる可能性があります。

そこはチャンス到来とばかりプット買いを仕込むのもよいでしょう。オプション買いは勝つ確率は低くても、一発当たった時のリターンが大きいので、失敗を恐れず果敢にリスクをとることも考えたほうがいいでしょう。

プット買いの条件

日経平均先物　週足
2019/5/22～11/1

● 「日経平均株価の上昇が前月の高値を更新するような高値圏で多くの投資家が楽観的な状況」
● 「前週の安値を下回るような反落の動きを見せ始めた時」

2つの条件に
はまっているか？

054

売り戦略のロスカットルールの決め方

建玉の簿価9倍でのロスカットでは遅すぎる

過去31限月における上下値幅の分析に従えば、上下でワンセットずつコールとプットを売り、それぞれ9割以上の確率で勝てるのであれば、TOTAL損益はプラスになります。当然ですが、9回の勝ちの利益分を残りの1回の敗戦で失わなければの条件が付きます。

資産運用では最終損益でいくら残せるかが問題ですので、単純計算で新規売り建玉の簿価が、9倍以上になる前にロスカットすれば利益はいくらかでも残ることになります。

なお、大きく損を出さない最適なロスカット幅が、どの程度かを考えてみると、ロスカットがダマシになる可能性も踏まえれば9倍では遅すぎます。

大まかにその1/3程度とし、売りオプションのプレミアムが3倍になったらロスカットするというルールをつけておくのが筆者の経験則からもよいと考えます。

経験則からの自主ルールなら3倍でロスカット

毎回同じ簿価（建玉値）でオプション売りをすると仮定
勝率9割でも1割の負けで全てを失わなければ損益はプラス
1回の負け額＜9回の勝ち額
↓
基本的に売りの簿価が3倍になると負け戦に入る
ダマシもあり得るので3倍の時点で早めのロスカット
↓
外側への権利行使価格のオプション売りに乗り換えることも検討

Section.5 オプション・市場の動きへの対応

055

高い権利行使価格に乗り換えるロール・アップ

決済と同時に新規に建てるのがよい

売り建玉の権利行使価格に日経平均株価が上昇して近づいてきた場合（おおむね500円以内が目安）でのコール売りは、もしものITMになることを警戒して、売り建玉は一旦手仕舞い、より高い権利行使価格のコールを新規に売り直すという乗り換えを行います。

これを「ロール・アップ」と言い、売り建玉をさらに上方の外側にスライドさせることで日経平均との距離を遠ざけてITMの可能性を低下させるのです。

特に注意する点は、それまでのオプションを決済すると同時にさらに上の権利行使価格での新規売り建ても行うことです。思惑を張って新規建ての方を先送りすると、決済した時から相場の方向が変わったり、IVが低下して乗り換え先のプレミアムが安くなってしまうリスクがあります。

決済＆新規建ての乗り換えの際は、変に色気は出さずに同時にスパッと乗り換えましょう。

Section.5 オプション・市場の動きへの対応

ロールアップ

銘柄名/限月 権利行使価格/種類	売買	建玉	
		数量	Delta
2250 P 19年12月限コール24,250円	売	1	-0.0540
	買	0	0.0000
2250 P 19年12月限コール24,000円	売	1	-0.1044
	買	0	0.0000
2250 P 19年12月限コール23,750円	売	1	-0.1897
	買	0	0.0000
2250 P 19年12月限コール23,500円	売	1	-0.3101
	買	0	0.0000

徐々に上の権利行使価格に売買し直し乗り換える

日経平均株価が上昇

低い権利行使価格に 乗り換えるロール・ダウン

プレミアム次第で乗り換える方法もある

ロール・アップの逆の戦略で、低い権利行使価格に乗り換えることを「ロール・ダウン」と言います。

例えば、プット売りとして19000Pの売り建玉を持ち、日経平均株価の下落の可能性がある時に、19000Pの売りを一旦決済し、さらに下の権利行使価格のプットである18500Pの新規売りに乗り換えるのがロール・ダウンです。

別のパターンでは、22000Cの売り建玉を持っている時に、日経平均株価が下落すれば、売っている22000Cは値下がりして含み益にな

ります。

その後に数円までプレミアムが値下がりした場合、売り建玉を継続して持ち続けていても、それ以上には利益は増えません。

そこで一旦22000Cの売り建玉の利益を確定してしまい、よりプレミアムが高い21750Cなど内側（権利行使価格の低い）のコール売りに乗り換えるのもロール・ダウンになります。

ロールダウン

銘柄名/限月	売買	建玉	
権利行使価格/種類		数量	Delta
225O P 19年12月限プット22,500円	売	1	0.2082
	買	0	0.0000
225O P 19年12月限プット22,250円	売	1	0.1503
	買	0	0.0000
225O P 19年12月限プット22,000円	売	1	0.1049
	買	0	0.0000
225O P 19年12月限プット21,750円	売	1	0.0765
	買	0	0.0000

徐々に下の権利行使価格に売買し直し乗り換えを行う

日経平均株価が下落

057

損失拡大の回避の 目安は日経VIを見る

米国VIXも確認してポジションの解消も考える

日経VIの24％超えと米国VIX指数（恐怖指数）の20％超えは、荒れ相場の入り口として警戒する水域になります。

警戒水域に入ったら、さらなる損失拡大を回避するため、不利なポジションは一旦手仕舞いし、IVの低下を待って改めてポジションを組み直すようにします。

恐怖指数が上昇する局面とは、おおむね下落相場と決まっていますが、こういう場面では想定外の日経平均株価の変動が起こりやすく、特にナイトセッションなどではプット

オプションのプレミアムが大きく跳ね上がります。

もしプット売りの建玉を保持したままでいると、心理的にもかなり厳しい状況になります。特に日経VIが24％を超えるような局面が来たら、これは異常事態だと考えて翌日にプット売りのポジションは残さないようにしましょう。

異常事態ですから損失の拡大の回避を第一に考え、手仕舞った建玉はあらためて売り直すなどの対策を取るなどして、安全策に徹した方がよいでしょう。

日経VIと米国VIXを確認

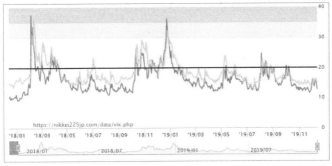

日経平均VIと米国VIX
2018/11〜2019/11

日経VIの24％超え、VIX指数20％超えでは「プット売りのポジションを翌日に残さないように特に気を付ける」

Section.5 オプション・市場の動きへの対応

171

058

幻のSQはレジスタンスや
サポートになりやすい

SQ値は225銘柄が寄り付かないと算出されない

「幻のSQ」とは、SQ算出日(満期日)における日経平均株価の高値、または安値が、算出されたSQ値に一度もタッチしていない状態のことを言います。

日経平均株価の始値は、一部の銘柄が売り気配または買い気配であっても気配値を基に計算して表示されますが、SQ値は225銘柄の全てが寄り付くまでは算出されません。このため日経平均株価の始値とSQ値に乖離が生じることが結構あるのです。　SQ当日中に幻のSQ状態が解消されず、何日もそのSQ値にタッチできない状態が続くと、市場参加者は幻のSQ値を目先の天井や底値を示唆する抵抗ラインとして意識します。そうして抵抗ラインとなり、長らく抜けなかった幻のSQ値を突破してくる時には、相場の勢いに一気に弾みがつくことがあります。

そのため直近のSQ値を抜けるか抜けないかが相場の先行きを見極める上で、重要なポイントと言えるのです。

SQ値前後の値動き

日経平均　日足
2019/5～11

●はSQ値

SQ値抜けで一気に上昇

059

SQ決済に持ち込める 売りポジション

ITMの確率がほぼない

通常、SQ決済に売り建玉を持ち込めるのは、プレミアムが数円または0円に近く、ITMの確率がほぼないと判断した時です。ただし、プレミアムは仮に1円での売りであっても、最終的にSQ値が確定するまでリスクはゼロではありません。

2018年2月のSQ算出では、SQ前夜のNYダウが1033ドル安と大幅下落し、翌日のSQ値は前日終値から701円も下で着地した例もあります。

過去32限月での前日の大引け値と

翌日のSQ値では、平均153円の値段が飛びます（データ参照）。701円安になった日以外は、全て前日終値から±400円以内でのSQ着地となっています。これを考慮すると数円オプションの売りをSQ決済まで残すより、早めに期先に乗り換えましょう。

期先に乗り換えて売り建玉の権利行使価格をより遠くに離しておけば仮に波乱のSQとなっても、その後の対処は時間的な余裕をもって展開できます。

最終売買日の終値とSQ値との飛び幅

グレーは、前回から大きな動きを示した飛び幅

限月	SQ飛び幅	ABS	限月	SQ飛び幅	ABS	限月	SQ飛び幅	ABS
201701	47	47.3	201712	92	91.97	201811	−18	17.92
201702	368	368.33	201801	13	12.57	201812	−198	198.19
201703	115	115.42	201802	−701	700.86	201901	126	126.2
201704	186	186.16	201803	207	206.93	201902	−270	270.28
201705	29	29.45	201804	193	192.72	201903	−108	108.01
201706	88	87.74	201805	124	123.82	201904	159	158.62
201707	51	51.19	201806	2	1.74	201905	49	48.87
201708	86	86.29	201807	264	264.04	201906	28	28
201709	−119	118.52	201808	57	56.61	201907	98	98.47
201710	2	2.28	201809	236	235.68	201908	262	261.65
201711	−338	337.71	201810	−278	277.86			

平均 153 円

SQ決済に持ち込める距離
最終売買日の終値から±400円以上は離しておきたいところ

SQの飛び幅とは 最終売買日の終値と、SQ値との乖離幅を示したもの。プラスならば最終売買日の終値からSQ値が上昇したということ。マイナスならば最終売買日終値からSQ値が下落したということ。ABSはSQ飛び幅から±を取った絶対値。

060 出来高が最も多い権利行使価格でレンジを確認する

市場参加者が意識している上値や下値の目途になる

オプション取引においても出来高（売買枚数）には注意を払う必要があります。最も出来高が多かった権利行使価格はコール側、プット側、それぞれ上下ともに毎日確認しましょう。

最も売買枚数が多かった権利行使価格が何を意味するかは、市場参加者がその時点で意識している、次のSQまでの上値や下値の目途と考えられます。

例えば日経平均が21000円の時に、コール側は22000Cが最も出来高が多かったとすると、大方の市場参加者は上値の目途が22000円程度、プット側では19500Pが最も出来高が多かったとすると、下値の目途は19500円だと思われていると考えます。最も出来高が大きい権利行使価格が変わると、市場参加者の多くが意識する水準感も変わったと言えます。

オプションの買い方は届くかどうか微妙な距離感でオプションを買おうとし、オプションの売り方はそのオプションをなるべく高く売ろうと狙っているのです。

出来高からレンジを確認する

大引け時点でその日の売買枚数（出来高）が一番多かった権利行使価格
市場参加者の多くが予想する上限レンジと下限レンジとみる

22000C がコールで出来高最多　上値目途　22000 円
（届くかどうか相場観が合う水準）

日経平均株価が 21000 円　　　　市場参加者の多くが考える上下レンジ

19500P がプットで出来高最多　下値目途　19500 円
（届くかどうか相場観が合う水準）

Section.5　オプション・市場の動きへの対応

174

061

高すぎる低すぎる権利行使価格のプット買いに注意

大口の売買の仕掛けの可能性がある

出来高が一番多い権利行使価格以外で、通常では考えられない価格（高すぎる低すぎる）の権利行使価格のオプションの出来高が急激に増えることがまれにあります。

そういう場合は、その水準を狙っている筋がいる、あるいはその権利行使価格の方向に向けて投機筋の売り買いの仕掛けが後に行われる可能性があると注意しましょう。

特に、通常の値動きでは届かないだろうと予想されている権利行使価格のプットオプションに、大きな金額、枚数の買いが見られるなど、違和感のある大口の売買が見られた時は、その直後に大きな相場下落が起きるかも知れないと注意を払う必要があります。

過去の実例としては、2019年7月17日の15時直後に、権利行使価格で1500円も下の8月限20000Pを23円で約1000枚、金額にして2300万円の大量の仕掛け買いが入りました。そして、その翌日には先物に大量の売りが出て相場は急落したことで、20000Pはわずか1日でプレミアムが21円から80円と4倍近くになったのです。

大引けの仕掛け

日経平均株価　日足　2019/05/22〜11/7

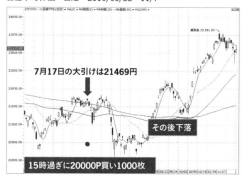

7月17日の大引けは21469円

その後下落

15時過ぎに20000P買い1000枚

2019年8月限　20000Pを15:00:53に22〜23円で約1000枚の買い
（プット買い付け代金　約2300万円）
↓
翌日先物に大量売りが出て21000円割れを引き起こし、20000Pのプレミアム23円が80円の約4倍になった

062 ビッグイベント前は織り込み 度合いにより逆方向を狙う

織り込まれている反動がでる場合がある

　為替など相場に与える影響が大きいビッグイベントとして、「米大統領選挙やブレグジットなどの国民投票」、「G7、G20などの会議、首脳会談」、「FOMC」、「ECB理事会」、「日銀金融政策決定会合」などがあります。

　事前の予想通りの結果なら相場は大して動きませんが、予想の逆方向の結果が出た場合は、それまでに織り込んだ反動で値動きが逆行する動きがより大きくなります。

　ビッグイベント前には、大方の予想の織り込み度合い、それまでの値動きにもよりますが、損失限定のオプション買いの利点を生かし、大方の予想と逆方向でオプション買いを少し持つようにすると、思わぬ大化けによる利益を享受できることがあります。

ブレグジットショックの例

2016年6月24日（日本時間）
　英の国民投票で予想外のEU離脱の結果に
　日経平均株価は前日比−1286円（−7.92％）と2000年以降最大の下げ幅

　大方の予想の逆にプットを買っていた投資家は大きく利益を上げた

063

建玉残の積み上がりは投機筋に狙われやすい

建玉残の大きい権利行使価格の売買控えるべき

ある権利行使価格に建玉残が多く積み上がっている時があります。

特に3、6、9、12などのメジャーSQの限月は、日経平均株価の仕組み債の組成などで、オプションの売りポジションが積み上がっていることが多いのです。

建玉残が大きければ大きいほど、市場参加者の注目を集め、その権利行使価格をITMにしようと仕掛ける向きが出現し、思惑による先物売買が入って狙われやすくなります。

日経平均株価がその建玉残の多い権利行使価格に近づくと、オプションの売り方から先物でヘッジをかける特需が生じることで、オプションの売り手は買い戻しを強いられます。それを狙ってさらに投機的な仕掛けの売買が増えるので、より狙われた権利行使価格に近づこうとする力が強く働きます。大きく積み上がった建玉残（目安は2万枚以上）のある権利行使価格に相乗りで売ることは手控えましょう。

建玉残の積み上がり例

2019年12月限　建玉残（2019年11月22日時点）

コール		現在値	プット	
10400枚	24500C			
18100枚	24000C			
9800枚	23500C			
		23160円		
18700枚	23000C		23000P	9600枚
			22500P	13000枚
			22000P	17900枚
			21500P	14100枚

コールの建玉残が多く、上昇した時の方が買い戻し余力は大きい

23000Cは既にITMになっているため、ショートカバーは完了している状態
次に狙われやすいのは次に枚数の多い24000Cとなる
一方のプット22000Pが枚数が多いので狙われやすい権利行使価格となる

064

オプション売りにおける 先物買いヘッジの入りどころ

その価格になる前から入るのがいい

通常、コールの売り方が、ヘッジとして先物で買いを入れるのは、目標とした金額の数百円手前からです。目標金額になってからヘッジしたのでは、コールがITMになってしまうため、225先物ミニ10枚分の価格変動リスクをほぼ丸ごと抱えることになります。つまり先物の買いヘッジとしては遅するのです。

例えば23000Cで1枚売りのポジションを保有しており、売り建玉の権利行使価格に日経平均株価が近づいてくると、ITMを警戒する必要が出てきます。その場合には、23000Cを単純に買い返済してロール・アップ（オプションの55参照）するか、225先物ミニで10枚分のヘッジ買い

を入れるか考える必要があります。

前提として、上昇基調が長くが続くと予想した場合には、225先物ミニのヘッジ買いを入れるとします。買いのイメージは500円手前で2枚、400円手前で更に2枚、それからさらに近づくごとに2枚というように、23000円の権利行使価格に到達するかなり前から早めにヘッジ買いを分割で入れます。予想通り日経平均の上昇が続いた場合は、225先物ミニの上昇分の利益も見込めます。

そして日経平均が23000円をつけた時には、225先物ミニ買いで含み益があるような状態で100%のヘッジ完了を目指すのです。

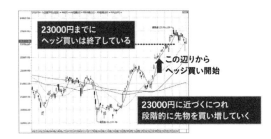

ヘッジでの先物買い

23000円までに
ヘッジ買いは終了している

この辺りから
ヘッジ買い開始

23000円に近づくにつれ
段階的に先物を買い増していく

Section.5 オプション・市場の動きへの対応

178

065
トレンドの状況を
ストキャスティクスで判断する

高値圏か底値圏かでポジションを検討

現在の相場のトレンドが初期の段階か終盤にあるのかを判定するには、ストキャスティクス（通称ストキャ）の水準で判定します。

オプションでは、日経平均先物のチャートを使い、80以上なら高値圏に到達しつつある。20以下なら底値圏に近づきつつある。といったタイミングと考えられます。これらの数値を日足チャートで確認し、あと何日位は上がるか、もしくは底値圏に到達するかなどを推測します。

ポジションを持っている場合、そろそろ高値圏に到達したとみればコール売り追加のチャンス、底値圏に到達したとみればプット売りの追加のチャンスと考えます。ストキャスティクスが中立圏（おおよそ21〜79）にいる時はポジションを変更せず持続して時間価値の減少を待ちます。

オプションでのトレンド確認

日経平均先物　2018/11/22〜2019/10/28

囲みは80以上、20以下の箇所

日米の指標が下向きのときは ギャップダウンが起こりやすい

投資家の警戒が薄れているタイミングもある

　日米の株式市場が軒並み下向きのトレンドを示している時は、ギャップダウンがいつ起きても不思議ではないとの警戒感は持ちましょう。

　多くの株価指数が下向きを示している時の大幅なギャップダウンは、投資家の警戒が薄れていると来る傾向があります。一方で全ての指標が上向きの時のギャップダウンは、押し目買いのチャンスと見る向きもいるため、さほどショックとはなりにくいのです。

　日経平均株価の方向を推測する材料としては、TOPIX、NYダウ、ナスダック、ドル円などがそれにあたります。それらが揃って下向きトレンドになってきたら、大幅なギャップダウンへの警戒を怠らないようにしましょう。

ギャップが発生する可能性を見る

チャネルブレイク戦略
（直近 4 日の高安ブレイクをシグナル）で方向を判定

TOPIX：2 月 13 日は 1710P で下落（下向き）
日経平均株価：2 月 14 日は 23620 円で下落（下向き）
NY ダウ：2 月 18 日は 29210 ドルで下落（下向き）
日経平均株価：2 月 20 日は 23730 円で上昇（上向き）
ナスダック：2 月 20 日は 9650P で下落（下向き）

TOPIX（日足）

NYダウ（日足）

TOPIXが先行して下落、その後、週をまたぐ形で日経平均株価、NYダウ、ナスダックの順で下落に転じた。
（2月20日昼頃の日経平均株価は上昇に転じるも失速、その日の夜のナスダックは売りになる）

2020 年 2 月 21 日〜 2 月 23 日に大幅なギャップダウン発生！

オプション投資

Section.6

オプション・手法

067

SQ週でのコール買いの
狙い方

37%の確率で250円以上
上昇することがある

SQ週は残存日数も残り少なくプレミアムも安くなるため、より少ない投資金額でオプションを買うことができます。また、SQ週は日経平均株価の値動きが上下に荒れやすく、それまでの相場の流れが変わる可能性も秘めています。そのためIVの変動率も上昇しやすく、オプション買いで攻めるのには適した投資環境と言えます。

一方で、SQ週のオプション買いは変動率の大きさに期待して、相場の方向性を見誤って投資すると、その後のプレミアムが安くなるスピードも早く、損を招くことになります。結果的に失っても構わない程度の資金で割り切った投資をするのが良いでしょう。

過去の日経平均のSQ週におけるデータ分析をしてみると、意外にも月曜日の寄り付き値からのその後の高値、さらにSQ値も変動していることがわかります。

2017年以降の32限月において、SQ週(毎月第2週のSQのある週)の月曜日の日経平均株価の始値から満期日におけるSQ着地までの間、250円以上の上昇が見られたのは32回中12回、確率として37%以上あります。そして、12回の内、7回は500円以上、最大で803円上昇しています。

このデータ面から妙味のあるコール買いを仕掛けるのであれば、SQ週の月曜日の寄り付きで、250円上の権利行使価格のコール買いで仕掛けて、その後の日経平均株価の上昇を待つのが良いでしょう。

250円以上になる確率が3割以上で、コールがITMになるのであれば、プレミアムが倍増する可能性もありますし、その後も順調に上昇するのであれば、先物を買い持ちしているのと同等の利益も期待できるのは魅力です。

成功している事例の投資環境をみると、いずれもSQ週以前の日経平均株価が弱含み推移をしていた傾向があり、いわゆる下げ相場における「逆張り」のコール買いが成功しやすいようです。

SQ週でのコール買い

SQ週月曜日始値とSQまでのデータ

日付	始値	SQ週内高値	SQ	SQ値ー始値	高値ー始値
20170113	19414.83	19484.9	**19182**	−233	70
20170210	19069.72	19276	**19276**	206	206
20170310	19409.18	19434	**19434**	25	25
20170414	18800.22	18850.8	**18613**	−187	51
20170512	19709.01	19991	**19991**	282	282
20170609	20135.42	20224.54	**19997**	−138	89
20170714	20070.44	20200.88	**20151**	81	130
20170810	20059.29	20085.9	**19825**	−234	27
20170908	19615.96	19628.4	**19278**	−338	12
20171013	20680.54	20994.4	**20957**	276	314
20171110	22612.96	23382.15	**22531**	−82	769
20171208	22843.53	22864.33	**22590**	−254	21
20180112	23948.97	23952.61	**23723**	−226	4
20180209	22921.16	22967.69	**21190**	−1,731	47
20180309	21047.81	21575	**21575**	527	527
20180413	21534.33	21933.99	**21853**	319	400
20180511	22513.22	22621	**22621**	108	108
20180608	22365.09	22856.37	**22825**	460	491
20180713	21838.53	22452	**22452**	613	613
20180810	22536.05	22800.61	**22655**	119	265
20180914	22253.65	23057	**23057**	803	803
20181012	23550.47	23589.38	**22313**	−1,237	39
20181109	22002.47	22583.43	**22469**	467	581
20181214	21319.47	21871.34	**21618**	299	552
20190111	19944.61	20494.35	**20290**	345	550
20190208	20831.9	20981.23	**20481**	−351	149
20190308	21812.81	21860.39	**21348**	−465	48
20190412	21900.55	21900.55	**21870**	−31	0
20190510	22184.4	22190.49	**21451**	−733	6
20190614	21095.4	21259.7	**21060**	−35	164
20190712	21665.79	21742	**21742**	76	76
20190809	20909.98	20941.83	**20855**	−55	32

※グレー部分は500円以上の幅

SQ週の寄り付き買いなら37%の確率で250円以上上昇する。

↓

3回中1回の確率で250円上のコールオプションを買えば、ITMになる。

068

SQ週の翌週でのコール 買いの狙い方

40%の確率で ITMになる

2017年以降の31限月において、SQがあった翌週月曜日の日経平均株価の寄り付きによる始値から次のSQ着地までの間、500円以上上昇し、ITMになった場面は31回中13回で確率としては40％以上、うち1000円以上も上昇したのは6回あります。

40％の確率でITMになるのであれば、SQ翌週月曜日の日経平均株価の寄り付き値を確認した後に、500円上の権利行使価格のコールを買う戦略は狙い目です。

例えば、この条件の月曜寄り付きの水準が21000円付近だった場合には、その時点でOTMになっている21500Cを買うという戦略になります。残存日数が4週間以上あるので、500円上の権利行使価格のコールだと、おおよそ数百円のプレミアムとなるでしょうが、損失はコールの買い付け代金に限定されます。

一方で時間価値の減少は逆風となりますが、思惑通りITMとなれば225先物を1枚買い持ちしているのとほぼ同等のリターンが期待できるうえ、その後においても大きく利を伸ばせるチャンスが広がるので、上昇期待を持つ投資家であれば、確率面からも狙い目のコール買いと言えるでしょう。

SQ翌週からのコール買い

SQ翌週から次のSQ着地までの4〜5週間上値幅データ

SQ日	上昇幅
20170210	268
20170310	154
20170414	111
20170512	1459
20170609	486
20170714	397
20170810	102
20170908	279
20171013	1553
20171110	2161
20171208	387
20180112	1058
20180209	301
20180309	869
20180413	145
20180511	777
20180608	345
20180713	325
20180810	344
20180914	939
20181012	1406
20181109	458
20181214	577
20190111	172
20190208	716
20190308	1418
20190412	838
20190510	240
20190614	249
20190712	689
20190809	179

※グレー部分は500円以上の上昇幅

SQ明けの月曜日に
寄り付きから500円上の権利行使価格をコール買い

4割の確率でITMになる場面が訪れる

187

069

SQ週での プット買いの狙い方

安いプレミアムで 大化けを狙う

　2017年以降の32回あったSQ週（最後の一週間）の日経平均株価の始値、高値、安値、SQ値を検証すると、月曜日の始値から500円以上下落した場面は全32回中5回です。うち2回は1000円以上下落しています。

　残存日数が残り4日間（月〜木）で、寄り付きから1000円下のプットオプションであれば、数円程度のプレミアムで投資できることがあります。

　500円以上の下げは6回に1回と確率的には低いのですが、SQ週に500円も日経平均株価が下落すれば、1000円下で買い仕込んだプットオプションであってもプレミアムは大きくなります。

　仮にITMにでもなれば、プレミアムは何十倍にも大化けしますから1発の魅力が大きいのです。数円程度のプットオプションであれば、損失を覚悟した割り切り投資でリスクを取ってみても面白いと言えます。

SQ週でのプット買いは、1発の魅力がある

SQ週月曜日始値とSQまでのデータ

日付	始値	高値	SQ内安値	SQ	SQ値－始値	高値－始値	始値－安値
20170113	19414.83	19484.9	19069.02	**19182**	−233	70	346
20170210	19069.72	19276	18805.32	**19276**	206	206	264
20170310	19409.18	19434	19198.78	**19434**	25	25	210
20170414	18800.22	18850.8	18304.72	**18613**	−187	51	496
20170512	19709.01	19991	19705.13	**19991**	282	282	4
20170609	20135.42	20224.54	19896.35	**19997**	−138	89	239
20170714	20070.44	20200.88	20023.03	**20151**	81	130	47
20170810	20059.29	20085.9	19660.22	**19825**	−234	27	399
20170908	19615.96	19628.4	19254.67	**19278**	−338	12	361
20171013	20680.54	20994.4	20663.08	**20957**	276	314	17
20171110	22612.96	23382.15	22435.34	**22531**	−82	769	178
20171208	22843.53	22864.33	22119.21	**22590**	−254	21	724
20180112	23948.97	23952.61	23601.84	**23723**	−226	4	347
20180209	22921.16	22967.69	21078.71	**21190**	−1,731	47	1842
20180309	21047.81	21575	20937.26	**21575**	527	527	111
20180413	21534.33	21933.99	21517.77	**21853**	319	400	17
20180511	22513.22	22621	22350.91	**22621**	108	108	162
20180608	22365.09	22856.37	22355.83	**22825**	460	491	9
20180713	21838.53	22452	21744.25	**22452**	613	613	94
20180810	22536.05	22800.61	22486.74	**22655**	119	265	49
20180914	22253.65	23057	22249.61	**23057**	803	803	4
20181012	23550.47	23589.38	22313	**22313**	−1,237	39	1237
20181109	22002.47	22583.43	21865.98	**22469**	467	581	136
20181214	21319.47	21871.34	21062.31	**21618**	299	552	257
20190111	19944.61	20494.35	19920.8	**20290**	345	550	24
20190208	20831.9	20981.23	20481	**20481**	−351	149	351
20190308	21812.81	21860.39	21348	**21348**	−465	48	465
20190412	21900.55	21900.55	21571.67	**21870**	−31	0	329
20190510	22184.4	22190.49	21315.07	**21451**	−733	6	869
20190614	21095.4	21259.7	20932.13	**21060**	−35	164	163
20190712	21665.79	21742	21488.22	**21742**	76	76	178
20190809	20909.98	20941.83	20110.76	**20855**	−55	32	799

※グレー部分は500円以上

070

SQ週の翌週からの コール売りの狙い方

1500円以上離して コール売り

　次のSQまでに想定される日経平均株価の上限レンジを予想し、コール売りの建玉を組むのであれば、過去の日経平均株価の値動きデータを元にして、慎重に権利行使価格を選ぶ必要があります。

　日経平均株価の現在水準から遠く離れた権利行使価格のコール売りは、簡単には届かないと思われる安心感がありますが、プレミアムが安いため得られる利益は少なくなります。

　一方でコール売りの権利行使価格を近づけすぎると、得られる利益は大きくなりますが、日経平均株価が上昇してITMになる確率も高くなってしまいます。したがって投資家のリスク許容度に応じて、コール売りの権利行使価格と売り枚数を決めましょう。

　2017年以降の31限月までで、SQ算出明けの翌週月曜日の日経平均株価の寄り付き値から、次のSQまでの間に日経平均株価が1500円以上も上昇した場面は、2017年10限月の2161円高と2017年11限月の1553円高の2回のみになります。

確率的に31回中2回と認識した上での1500円以上離した権利行使価格のコール売りであれば、心理的にも余裕をもって取引できる狙い目の権利行使価格であると考えます。

　なお、データにある2回の権利行使価格に届いてしまうような日経平均株価の大幅上昇があった場合の対処法ですが、

①主ルールとして売り簿価の3倍になったらロスカットする（オプションの54参照）。

②ロール・アップ（オプションの55参照）でさらに上方向の権利行使価格の売りに逃がす。

③225先物ミニで買いヘッジする。

のいずれかを相場状況に応じて検討すれば良いでしょう。

SQ翌週から次のSQ着地までの4−5週間上値幅データ

SQ明けの月曜日にコール売りを仕掛けるなら1500円以上上の権利行使価格が妥当

SQ日	上昇幅
20170210	268
20170310	154
20170414	111
20170512	1459
20170609	486
20170714	397
20170810	102
20170908	279
20171013	1553
20171110	2161
20171208	387
20180112	1058
20180209	301
20180309	869
20180413	145
20180511	777
20180608	345
20180713	325
20180810	344
20180914	939
20181012	1406
20181109	458
20181214	577
20190111	172
20190208	716
20190308	1418
20190412	838
20190510	240
20190614	249
20190712	689
20190809	179

2000 円、3000 円上だとプレミアムが安く安心だが投資妙味がない
SQ 明けの月曜日にコール売りを仕掛けるなら
1500 円以上上の権利行使価格が妥当

1500円超え上昇の2回の対処法は
ロールアップ もしくは先物での買いヘッジをおこない、
建値簿価の3倍ロスカットルール で対応する

※グレー部分は1500円以上の上昇があった限月

071

SQ週の翌週からの
プット売りの狙い方

2000円以下を
目安にする

　2017年以降の31限月で、SQがあった翌週月曜日の日経平均株価の寄り付きによる始値から次のSQ着地までの間、2000円以上、下落した場面があった限月は、2018年の2限月の2749円安、2019年1限月の2443円安の2回あります。

　プット売りで権利行使価格を選択するのであれば、上昇相場と下落相場のスピードの違いや、ボラティリティの高まり、大幅なギャップダウンのリスクなどを考えたうえで、コール側よりも広めに取っておきたいところです。よってデータを参考にすると想定レンジの下限としては2000円以下が狙い目であると考えます。

　例えば、建玉を組む月曜日の日経平均株価の寄り付き値が21000円近辺であれば、狙い目となる権利行使価格は2000円下にある19000P以下となります。

　実際に売り建玉をした後は、
①単純に売り建玉の簿価3倍でのロスカットルール（オプションの54参照）。
②ロール・ダウン（オプションの56参照）。
③225先物ミニでの売りヘッジ。
などから、相場状況に応じて対処法を考えます。

SQ翌週から次のSQ着地までの4−5週下値幅データ

SQ翌週からのプット売り

SQ日	下落幅
20170210	569
20170310	518
20170414	1241
20170512	307
20170609	304
20170714	165
20170810	414
20170908	291
20171013	4
20171110	33
20171208	635
20180112	416
20180209	2749
20180309	696
20180413	1479
20180511	71
20180608	774
20180713	1224
20180810	264
20180914	266
20181012	729
20181109	1529
20181214	1059
20190111	2443
20190208	60
20190308	14
20190412	151
20190510	808
20190614	891
20190712	171
20190809	1534

※グレー部分は1500円以上の下落があった限月

3000円以上下のプットに距離を離すとプレミアム
が安いため、枚数を大量に売らなければならず万一
のリスクが大きい
SQ明けの月曜日にプット売りを仕掛けるなら
2000円以上下の権利行使価格プットが妥当

2000円を超える下落の対処法は
ロールダウンもしくは 先物での売りヘッジをおこない
建値簿価の3倍ロスカットルール で対応する

072

レンジを使った戦略 「ショート・ストラングル」

レンジから外れると 損失が大きくなる

　オプション取引では日経平均株価の方向を当てなくても、SQ（満期日）までの大まかな上下のレンジを予想して、そのレンジ内での推移が続けば利益になる手法があります。

　これは投資家が予想する上限レンジの権利行使価格のコールを売るとともに、下限レンジの権利行使価格のプットを売る「ショート・ストラングル（S・ストラングル）」戦略というものです。

　ただし、この戦略は、利益が限定的である一方、損失は理論的には無限大になるので、想定レンジを日経平均株価が突き抜けた場合、特に暴落暴騰の際には大きな損失になる可能性があります。

　この戦略を利用する際には、過去の値動きを分析した上で、確率的に勝てるであろう広い想定レンジ（例えば、SQ翌週からであれば、ATMから上は1500円のコール売りとATMから下は2000円のプット売りなど）を目安として、日経平均株価の方向性、SQまでの残存日数、ボラティリティ、そして投資家が預け入れている証拠金の額などを勘案して、リスク管理に十分注意を払う必要があります。

　実例として、2019年9月限において、22000C売りと18250Pの売りで組んだショート・ストラングル戦略では、9月限のSQ値は21981円となり、上下のレンジは外れることは一度もありませんでした。なお、22000C売りの51円、18250Pの51円の合計102円は利益となっています。

ショート・ストラングル戦略

ショートストラングル戦略手順
① SQ 着地までの上値と下値のレンジを想定する※
② ATM のオプションから想定されるレンジ幅に沿ったコールの売りとプットの売りをおこなう
③レンジ内で収まれば限定的な利益が得られる

ただし、暴騰暴落など大きな動きがあり、レンジから外れると損失する。
損失は無限大！
安定的な値動きが見られるときの利用が理想

※上値下値の過去データはオプションの 70 と 71 で提示したデータを参照するとよい
コール売りは 1500 円上、プット売りは 2000 円下の権利行使が有望

【例】2019 年 9 月限の場合

<SQ 明け月曜　8/13 寄り付き 20432 円 >
22000C　売り（1568 円上のコール）　51 円
18250P　売り（2182 円下のプット）　51 円
実際に 9 月 SQ 値は 21981 円で上下の範囲内に収まっている

9月SQ　21981円（左側の↓）、10月SQ　21842円（右側の←）
それぞれ1500円上、2000円下のレンジに危なげなく収まっている

073

損失は限定して利益は無限大 「ロング・ストラングル」

片方のプレミアムが 大きくなる相場で利益

　ショート・ストラングルの逆の戦略が「ロング・ストラングル（L・ストラングル）」です。

　日経平均株価の現在水準から上下どちらかに相場が大きく動くかを予想する時に用います。方向は上下どちらでもよいのですが、「水準を大きく変えて動くか否か」が利益のポイントです。

　この戦略はATMから遠く離した（1000円幅など）上下のコールとプットを1枚ずつ買い建玉を行うというもので、最大リスクは買い付けたプレミアムの合計に限定されます。オプションの買いですので、ボラティリティの上昇はプラスに働き、片方がITMになれば期待される利益は無限大になります。

　例えば、日経平均株価が21000円であれば、22000Cと20000Pを1枚ずつ買うとします。仮に両者のプレミアムの合計が200円であれば、日経平均株価が上下どちらかの権利行使価格に近づく展開となり、買い建てている上下のプレミアムの合計が買い付け時の200円を上回ってくれば利益になります。

　データによると、2017年以降の31限月までで、SQ日の翌週月曜日の寄り付き値から次のSQまでに、1000円以上動いた回数は、上昇が6回、下落が8回となっており、上下を合わせると14回（上下同時に1000円超えた月はなし）になります。確率的には31回中の14回で約半分近い45％もあるのです。

　建玉後に日経平均株価が1000円動いた場合のATMのプレミアムは、残存日数や相場の勢い（ボラティリティ）によっても変わりますので、必ずしも儲かるとは限りませんが、買いオプションがITMになれば、先物1枚のポジションを持っているのとほぼ等しい状況となります。その後もさらにトレンドが強まれば、利益も無限大で加速度的に伸びる可能性が出てくるのです。

Section.6 オプション・手法

ロング・ストラングル戦略

ロングストラングル戦略手順

① 次の SQ までに ATM の日経平均株価がどちらかに大きく動くと予想
② ATM の日経平均株価から大きく動くと想定する幅（例：1000 円幅）
　離れた権利行使価格のコールとプットを両方買う
③日経平均株価が動いてオプションが買い付け時のプレミアム合計を上回
　れば利益

暴騰暴落など日経平均株価が大きく動き、片方のオプションが ITM になる
と利益無限大
損失はプレミアムの買い付け代金に限定
ATM から大きめ目の相場変動があると想定するときの利用が理想

SQ明けの月曜日から次のSQまでの最大変動幅（※２０１７年から31限月の上値下値のデータ）

	上昇幅	下値幅
20170210	268	569
20170310	154	518
20170414	111	1241
20170512	1459	307
20170609	486	304
20170714	397	165
20170810	102	414
20170908	279	291
20171013	1553	4
20171110	2161	33
20171208	387	635
20180112	1058	416
20180209	301	2749
20180309	869	696
20180413	145	1479
20180511	777	71

	下落幅	下値幅
20180608	345	774
20180713	325	1224
20180810	344	264
20180914	939	266
20181012	1406	729
20181109	458	1529
20181214	577	1059
20190111	172	2443
20190208	716	60
20190308	1418	14
20190412	838	151
20190510	240	808
20190614	249	891
20190712	689	171
20190809	179	1534

※グレーは部分1000円以上動いた週

> **ロングストラングルの狙い目**
> 31回中14回と約45%は1000円以上動いている
>
> 日経平均株価が21000円の場合
> 1000円上の22000C買い
> 1000円下の20000P買い
> 両者のプレミアム合計代金より どちらか片方のオプション買いの評価が大きくなればよい

074

膠着状態時の戦略
「ショート・ストラドル」

相場が動かなければ利益、動くと損

　膠着した相場が続いて相場の水準も大きく変わらないと予想する時は、「ショート・ストラドル（S・ストラドル）」戦略を用います。

　ATMになっている同じ権利行使価格のコールとプットを同時に売り建てする手法で、最大利益はプレミアムの合計金額、最大損失は無限大になります。

　この戦略は、プレミアムの合計金額以上に相場水準が動くかどうかで最終損益が決まります。これは設定時のATMから相場が動かないほど利益になります。

　なぜATMになっている同じ権利行使価格のオプションを売るのかと言うと、オプションのプレミアムはATMで本質的価値は最小、時間価値が最大になるからです。時間価値が最大のオプションを売れば、その分セータ（時間価値の減少）も大きくなります。

　右の表にあるように2017年以降で毎月算出されるSQ値は平均すると前回SQ値比で638円動いていました。ということは、SQ算出の当日にSQ値付近でショート・ストラドルを使って、新規売り建てし、次のSQ算出まで持ち切るとするなら、プレミアムの合計で640円以上で組まないと利益が残らないことになります。

　残存日数が長いとプレミアムの合計は大きくなりますが、日経平均株価の価格変動リスクもその分大きくなります。また、ATMになっている同じ権利行使価格のコールとプットで両方売ると言うことは、どちらかは必ずITMの状態になります。よって損失が無限大であることを考慮しながらこの戦略を組む必要があります。

　売り建玉のプレミアム合計をできるだけ大きくするには、少しでもIVが高めのタイミングを狙うのが重要です。また、ポジションを組んだのちは、必ずしもSQまで持ち切る必要はありません。途中でIVが低下して含み益の状態になった場合や、残存日数が残り数日になった時など臨機応変で利益確定をしても構わないのです。

Section.6 オプション・手法

ショート・ストラドル戦略

ショートストラドル戦略手順
①今回 SQ から次回 SQ 着地点は平均で 638 円変動する※
② ATM で同じ権利行使価格のコールの売りとプットの売り
③少しでも IV が高くプレミアムが大きいタイミングで組む
④途中で利益が出たら SQ まで持ち切らずに利益確定してもよい

ただし、暴騰暴落などで ATM から水準が大きく変わると損失は無限大
利益はオプションプレミアム売り代金に限定

ATM から大きめ目の変動がなく揉み合い相場が続くと想定する時
ボラティリティがさらに低下すると見込む時の利用が理想

※前回 SQ → SQ の過去データは下記の表で提示したデータを参照

SQ値の推移と前回比SQ値の推移と前回比

日付	SQ	前回比	ABS	日付	SQ	前回比	ABS
20161209	18867			20180914	23057	402	402
20170113	19182	315	315	20181012	22313	−744	744
20170210	19276	94	94	20181109	22469	156	156
20170310	19434	158	158	20181214	21618	−851	851
20170414	18613	−821	821	20190111	20290	−1328	1328
20170512	19991	1378	1378	20190208	20481	191	191
20170609	19997	6	6	20190308	21348	867	867
20170714	20151	154	154	20190412	21870	522	522
20170810	19825	−326	326	20190510	21451	−419	419
20170908	19278	−547	547	20190614	21060	−391	391
20171013	20957	1679	1679	20190712	21742	682	682
20171110	22531	1574	1574	20190809	20855	−887	887
20171208	22590	59	59				
20180112	23723	1133	1133				
20180209	21190	−2533	2533				
20180309	21575	385	385				
20180413	21853	278	278				
20180511	22621	768	768				
20180608	22825	204	204				
20180713	22452	−373	373				
20180810	22655	203	203				

※グレーは部分1000円以上動いた週

平均値動き638円

平均638円前回SQ値と比べて動く
SQ日当日にATM権利行使価格が同じコール&プットを同時に売るにしても、
2つの売りオプションのプレミアム合計代金が640円以上で組まないと利益
が出ない

少しでもIVが高く、プレミアム合計代金を大きく組むことが勝つための条件と
いえる

075

相場が動きそうなときは「ロング・ストラドル」

相場が大きく動けば利益 動かないと損

ショート・ストラドルの逆の戦略が「ロング・ストラドル（L・ストラドル）」になります。

同じ権利行使価格でコールとプットを同時に買い建てする手法で、最大利益は無限大、最大損失はプレミアムの合計金額に限定されます。

この戦略は相場の方向性はどちらに動いても問題ありませんが、買い付けで支払ったプレミアム以上に現在水準が動かないと利益は出ません。

2017年以降のSQ値は、前回のSQと比較して平均638円動いていますので、仮にSQ日に毎回ロング・ストラドル戦略を組むとすれば、コールとプットの合計買い付け金額を638円未満に安く抑える必要があります。

投資のタイミングはいつでも構いません。IVの低い状態が何日も続き、そろそろIVの反発が期待されるときや、相場を動かす大きな材料が出るビッグイベント前など、結果次第でどちらに相場が動くかわからない時でも、水準さえ大きく変われば良い時にこの戦略が使えるのです。

例えば、2016年のブレグジットによる国民投票や、米国大統領選など大きく相場が動いたように、世界的に注目度が高い選挙などが特に狙い時と言えます。市場の予想通りの結果となれば相場水準も変わらずにIVも低下して失敗する可能性がある一方、サプライズな結果となれば、相場は急激かつ大幅に動きますので、利益も飛躍的に大きくなる可能性があるのです。

IVが高くなるか低くなるかは、相場の方向性を当てる以上に見通しは難しいのですが、イベントカレンダーなどをまめにチェックしておけば、相場が動きそうなタイミングを見逃さずに済むようになります。

Section.6　オプション・手法

ロングストラドル戦略手順

ショートストラドル戦略手順
①前回 SQ から次回 SQ 着地点は平均で 638 円変動する※
② ATM で同じ権利行使価格のコールの買いとプットの買いをおこなう
③少しでもオプションの買い付け代金を安く抑えるようにする
④途中で利益が出たら SQ まで持ち切らずに利益確定してもよい

ただし、暴騰暴落などで ATM から水準が大きく変わると利益は無限大
損失はオプションプレミアム買い付け代金に限定

ATM から大きめ目の相場変動が起こりそうと想定する時
ボラティリティがここから上昇すると見込む時の利用が理想

※ SQ → SQ の過去データはオプションの 74 で提示したデータを参照

（例）2019 年 11 月 25 日の場合 日経平均の現在値 23300 円
ATM の権利行使価格は 23250 円　残存日数 3 週間
12 月限　23250C　買い　310 円
12 月限　23250P　買い　250 円（プレミアム合計は 560 円）

12 月 SQ 値が 権利行使価格の 23250 円 ±560 円超の場合利益
SQ 値が 23810 円以上 か 22690 円以下 であれば利益が出る

SQ まで持ち切らなくても合計プレミアムが買い付け時を上回れば利益

076

売りでの損失を限定させる「クレジット・スプレッド」

利益は減るが、損失を抑える効果がある

オプションの売りポジションを保有している状態では、予測できない突発的な相場変動で大きな損失を被るリスクが常にあります。

基本的にオプションの売りは、その時の日経平均株価がその後に動いても届かないと思われる権利行使価格を売りの対象とします。その万が一の保険として、ヘッジコストはかかりますが、売り建玉している権利行使価格から、さらに外側のオプションを買い付けておくことで、損失を限定させる手法があります。

この戦略はクレジット・スプレッドと呼ばれ、ATMに近いオプションの売りに、追加でOTMのオプションを買うことで、売り戦略での無限大の損失を限定させるものです。

例えば18000Pのプット売りをした場合、最大の損失を500円に抑えたい場合には17500Pを、最大の損失を250円に抑えたい場合には、17750Pのプット買いを追加するのです。

手順としては、売りの権利行使価格を決めた後、最大損失をどの程度までに抑えたいのかによって、買い

の権利行使価格を決めます。

例えば18000Pのプット売りによって得られる利益が50円だとして、250円下の権利行使価格の17750Pのプットの買いが30円だとすれば、最大利益は50円−30円で20円、最大損失は250円−20円で230円になります。500円下の権利行使価格の17500円プットが15円だとすると、最大利益は50円−15円で35円、最大損失は500円−35円で465円になります。投資家の相場観で、かなり保守的に売りの権利行使価格を現在水準から大きく離した場合には、売りで得られるプレミアムも小さくなりますので、ヘッジで買う権利行使価格もさらに1000円離すなど買いで支払うプレミアムを小さくしても良いでしょう。

この戦略の欠点は、ヘッジ買いしたプレミアムの金額分だけ利益が減ること、ヘッジの権利行使価格との距離を近くすると、リスクを減少させた分、得られる利益もより少なくなることです。

Section.6 オプション・手法

クレジット・スプレッド戦略

2019年11月25日　日経平均23300円の時

必要委託証拠金	198,600円	当社SPAN証拠金	162,600円
維持証拠金	198,600円	当社Net Option Value	-36,000円

[建玉・注文状況の読込]　[クリア]　　　　　　　　[シミュレーション計算]

商品	日経225オプション ▼
限月	2019年12月限 ▼　◉ コール　◯ プット
権利行使価格	24000 ▼　　　　　　　　[追加]

[選択削除]

選択 ☐	銘柄名/限月 権利行使価格/種類	売買	建玉 数量	Delta
☐	225O P 19年12月限コール24,500円	売	0	0.0000
		買	1	0.0416
☐	225O P 19年12月限コール24,000円	売	1	-0.1451
		買	0	0.0000

500円幅のクレジットスプレッド

コール買い 11 円

コール売り 47 円

> 差額の36円が利益になる
> SQ値が24036円を超えると損失となる
> ヘッジしているため最大損失は
> 権利行使価格の差額500円－36（設定時に得られたプレミアム合計）で464円

077

「クレジット・スプレッド」で 売り枚数を増やすことができる

必要証拠金が低下することで 資金効率がよくなる

オプションの76で紹介したクレジット・スプレッド戦略を用いる利点には、損失を限定させること以外に、必要証拠金を低下させられることにあります。

必要証拠金が低下すれば売り枚数を増やすことが可能になり、差し入れ証拠金の資金効率を良くする効果があるということです。

ヘッジ無しのオプション売りを「裸売り」と呼びますが、裸売りはITMになった場合には、損失が無限大になってしまうため非常にリスクが高い取引と言えます。そのため必要とされる証拠金も高くなるのです。

右の図は実際にコールの裸売りの時の必要証拠金と、クレジット・スプレッドにした時の必要証拠金を比較したものです。500円幅のクレジット・スプレッドにすることで、43.8万円の必要証拠金が19.8万円に大きく減少していることがわかります。

また、ヘッジ買いをするオプションの権利行使価格を、売り建玉をしている権利行使価格に近付けると最大損失も小さくなるため必要証拠金もより少なくなります。ただし、権利行使価格同士が近いと、プレミアムの差額も小さくなるため、将来得られるであろう利益も小さくなります。

年に一度や二度は、大きな相場水準の変化が起きることは珍しいことではなく、相場観ではヘッジは必要でないと思っていても、クレジット・スプレッドを念のためしておいて助かったと思うことは意外と多いものです。必要証拠金を減らして売り枚数を増やせるメリットと同時に、ヘッジで買っておいたオプションの値上がり益が、売りの評価損を減らしてくれるメリットもあるのです。

Section.6 オプション・手法

クレジット・スプレッド戦略のメリットを生かす

必要委託証拠金	438,500円	当社SPAN証拠金	392,500円
維持証拠金	438,500円	当社Net Option Value	-46,000円

建玉・注文状況の読込　　クリア　　　　　　　　　シミュレーション計算

商品	日経225オプション ▼	
限月	2019年12月限 ▼　● コール ○ プット	
権利行使価格	24000 ▼	追加

選択削除

選択 □	銘柄名/限月 権利行使価格/種類	売買	建玉 数量	建玉 Delta
□	2250 P 19年12月限コール24,500円	売	0	0.0000
		買	0	0.0000
□	2250 P 19年12月限コール24,000円	売	1	-0.1426
		買	0	0.0000

必要委託証拠金	198,600円	当社SPAN証拠金	162,600円
維持証拠金	198,600円	当社Net Option Value	-36,000円

建玉・注文状況の読込　　クリア　　　　　　　　　シミュレーション計算

商品	日経225オプション ▼	
限月	2019年12月限 ▼　● コール ○ プット	
権利行使価格	24000 ▼	追加

選択削除

選択 □	銘柄名/限月 権利行使価格/種類	売買	建玉 数量	建玉 Delta
□	2250 P 19年12月限コール24,500円	売	0	0.0000
		買	1	0.0416
□	2250 P 19年12月限コール24,000円	売	1	-0.1451
		買	0	0.0000

24000Cを裸売りする時の必要証拠金額は　438500円（上の画面）
24500Cをクレジット・スプレッドで買った場合の必要証拠金額は　198600円
半分以下の証拠金で済む（下の画面）

078 「クレジット・スプレッド」は ギャップ相場に弱い

早めの利益確定を 目指す

　SQ日までの残存日数が数日となるSQ週に近づくと、SQ着地点の予想レンジも狭くなります。また、500円、1000円幅で権利行使価格を離して、ヘッジとして買っているオプションのプレミアムも数円になってきます。そのような時に大きな窓空けが起きるギャップ相場が発生する場面にクレジット・スプレッドは弱いのです。

　ギャップ相場が発生し、内側の売りオプションの権利行使価格に近づいた場合、売りオプションのプレミアムは跳ね上がりますが、まだ距離が離れている外側のヘッジ買いオプションの方は価格上昇しないことが起こり得ます。

　例えば、もう到達しないだろうと思われる売りオプションのプレミアムが20円、距離を離した買いオプションが3円という状況で、残存日数が残り数日になってくると、SQで全て消滅させて差額の17円分を全部利益としたいところです。しかし、そのタイミングでギャップ相場が発生し、売りの権利行使価格に日経平均株価が近づくと、20円のオプショ

ンは5〜10倍になる一方で、3円のオプションは数円高と反応が鈍かったりします。

　仮に枚数を多く売っていた場合には、大きな評価損になる上にITMの危険度も増します。この状況を回避するには、「売りオプションの金額ー買いオプションの金額」が10円前後になってきたら、早めに利益確定をしてしまうことです。

　オプションの売りは必ずしも満期日まで持ち切る必要はありません。残り数日ともなれば、十分に利益が出ているポジションは欲をかかずに利益確定して、期先の売りポジションに乗り換えてしまえばよいのです。期先に乗り換えれば、より高いプレミアムのオプションを、距離を離した権利行使価格で建てて余裕を作ることが可能になります。余裕があれば例え大きなギャップ相場が発生しても慌てずに済むのです。

クレジット・スプレッドの欠点

残存日数が減り、売りオプションと買いオプションの価格差がない場面で大きなギャップが起きた時

（例）SQ 週など残存日数が数日の状態で日経平均が 23000 円から 22300 円へ 700 円の大幅ギャップダウン

① 10 枚ずつのセットでクレジット・スプレッド保有中
（1000 円離している状態）
　22000P 売り　10 枚 ×20 円
　21000P 買い　10 枚 ×3 円

② 700 円ギャップダウンが発生した

③プット売りはプレミアムが跳ね上がる：20 円→ 80 円
　プット買いはプレミアムが小幅に上昇：2 円→ 5 円

①の時点では 20 円ー 2 円＝ 18 円（×10 枚＝ 18 万）利益が望めたが
ギャップダウンが起きることで 80 円ー 5 円＝ 75 円（×10 枚＝ 75 万円）となり、
ポジションの解消費用として 75 万円かかることに

●**この問題にあたる前に行動することが大事**
・残り 10 数円になったら早めに利益確定をする
・クレジット・スプレッドの幅を狭めるために、21000P 買いを 21500P 買い、もしくは 21750P 買いに変更する
ただし、これは 10 枚売りのオプションが ITM になるリスクが高くあまり意味をなさない可能性がある※
※ ITM まで 300 円程度の「距離だと」ギャップ相場では安心できない

079 「クレジット・スプレッド」の 発注は内側からが鉄則

プレミアムの高いオプションから 先に約定させる

　もし、ヘッジである外側のオプション買いを先に発注すると、売りを発注する際の必要証拠金は安くなりますが、買う方の外側の安いオプションの価格変動はせいぜい1円、2円でも、売りで約定させたいATMに近いオプションの価格はそれ以上動いてしまうことがあります。そうなると得られるはずの利益も減ってしまうのです。よってクレジット・スプレッドを組む際の発注の手順は、プレミアムの高いオプションを先行させ、安い方を後から約定させます。

　また、クレジット・スプレッドは、売りと買い、時間をあけずにほぼ同時に組むのが普通ですが、寄り付きや大引けでの組成以外は、同時に約定はさせられません。どちらかを先に約定させるわけですが、内側のオプションを先に約定させると、瞬間的には裸売りの状態となり、そのあとにヘッジ買いを追加することになります。

　その際の裸売りで証拠金が足りないほどの枚数の売りは、リスクの取り過ぎで証拠金を使いすぎている状態です。将来の価格変動に備えて使用する証拠金には十分に余裕を持たせておくことに注意を払いましょう。

クレジット・スプレッド戦略の鉄則

必ずプレミアムが高い方から約定させる
① 12 月限　24500C　11 円 ×1 枚　買い新規
② 12 月限　24000C　47 円 ×1 枚　売り新規

上記の場合は、プレミアムの高い②を先に約定させる

先に行う理由
①の 11 円よりも②の 47 円の方が価格変動リスクが大きい

内側の高いオプション売りを先に約定させると
一時的には裸売りになるが、時間を空けずにヘッジのオプション買いをすれば問題ない

裸売りで証拠金が足りないような枚数では売り過ぎでリスクを取りすぎているということになる

相場に自信がないときは「デビット・スプレッド」

売りヘッジをすることで買いの支払い代金が減る

この戦略は、相場の方向性に強い自信が持てない時に使用します。

ATMに近いオプションを買い（OTMでもITMでもどちらでもよい）、外側のオプションを同枚数売ります。これは狙いをつけた方向に日経平均株価が動いていくことを期待してオプション買いを行いたいが、裸でオプション買いできるほど相場の方向性に自信が持てない時に、外側のオプションを売ることで、予想が外れた際の買いオプションの値下がりをヘッジすることを目的とした戦略です。

単独でのオプション買いに、ヘッジの売りをかけることで支払い代金を減らす効果があり、仮に損失となってもその額は「買い付け代金－売り代金」に限定されます。利益も限定されますが、買いオプションと売りオプションの権利行使価格を離しておけば、その差額分から組成時に支払ったプレミアムを差し引いた額が最大利益となります。この戦略は、損失額を一定に抑えた上で、狙いが当たった際には権利行使価格の差額分に近い金額を狙える手法とも言えます。

デビットスプレッド戦略

**相場の方向性に確信は持てないとき
リスク限定で仕掛けたい時に使う手法**

① ATM に近いオプション買い + 遠いオプション売り
②最大損失は組成時のプレミアム合計
③最大利益は権利行使価格の差額－②

方向が予想通りの場合、利益は権利行使価格の幅に限定、予想通りでない場合でも、損失は限定される

（例）デビット・スプレッド

24000C×1 枚買い +24500C×1 枚売り（権利行使価格の差額 500 円）
24000C×1 枚買い +24250C×1 枚売り（権利行使価格の差額 250 円）

**損失：組成時のキャッシュアウト分
利益：権利行使価格の差－組成時のキャッシュアウト分**

081

方向性に自信があるときは 「ITMデビット・スプレッド」

損失を限させた上で 調整することができる

デビット・スプレッドのうち、内側で買っているオプションがITMになっている場合は、ITM・デビット・スプレッドと呼ばれます。OTMの買いオプションが相場の上昇でITMになった状態も同様に言います。

買いオプションにおいてのOTMのデビット・スプレッド（オプションの80）との違いは、初期の投資資金の大小もありますが、損失を限定した状態でより相場の方向性を強気で見ている時にこの戦略を使います。

例えば、先物を買う場合、2019年年末時点では必要証拠金が約70万円かかりますが、この戦略では当初の資金はそれ以下に抑えることもできます。

先物を買う代わりに、デルタ＋0.6 ～＋0.8など、既にITMになっているオプションをあえて買うのです。

投資のリスクとしては、ITMのオプション買いはプレミアムが大きく、デルタも先物1枚買いの＋1.0に近いので、得られるリターンも大きい一方で、損失となった場合の痛手も大きくなります。そこでヘッジに

外側のオプションを売るというものです。

最大利益は「権利行使価格の差額－初期投資資金」となり、最大損失は初期投資資金でOTMのデビット・スプレッドと同じです。

また、この戦略の利点はタブーとされるIVが高い時のオプション買いでも使えることです。なぜなら同時に売るオプションも高い状態のIVになっているからです。

なお、プレミアム分の買い付け代金をカバーする、外側の売りオプションの権利行使価格との幅は、相場観の強弱（強気なら広く、保守的なら狭く）に応じて選択します。

ITMデビットスプレッド戦略

相場の方向に自信があるときに使う手法
① あえて ITM オプション買いを行う
②損失分を減少させる OTM オプション売りを追加
　トレンドの先行きへの自信の度合いによって権利行使価格は離す

利益：「権利行使価格の差－初期投資資金」で限定される
損失：初期投資資金で限定される

（例）ITM デビット・スプレッドの例
　2019 年 8 月 30 日日経平均 20704 円の時で SQ 着地が 21000 円以上を予想したとき
　9 月限 21000C 115 円 ×1 枚売り
　9 月限 20500C 385 円 ×1 枚買い（204 円分が ITM）

　初期投資資金＝売り買いでのキャッシュアウト：
　385 円－ 115 円＝ 270 円

　利益（SQ 値が 21000 円以上の時）：500 円－（385 円－ 115 円）＝ 230 円
　損失：初期投資資金＝ 270 円

　さらに強気の場合は、売りの権利行使価格を上方修正する
　9 月限 21250C 48 円 ×1 枚売り
　9 月限 20500C 385 円 ×1 枚買い（204 円分が ITM）

　売り買いでのキャッシュアウト：
　385 円－ 48 円＝ 337 円

　利益（SQ 値が 21250 円以上の時）750 円－（385 円－ 48 円）＝ 413 円
　損失 385 円－ 48 円＝ 337 円

082 日経平均株価の高安で利益を目指す「レシオ・スプレッド」

高安の幅のプレミアムで利益は獲れるが…

レシオ・スプレッドはデビット・スプレッド（オプションの80参照）の変形で、ATMから近めのオプションの買いに加え、さらに遠いオプションを2倍以上の枚数で売る戦略です。

この時、売りオプションの代金を買いオプションの代金よりも多く組み、買いオプションと売りオプションの距離を十分に離しておくことが利益を増やすポイントです。最大利益が差し引かれたプレミアムに限定される一方、最大損失は無限大となります。これは使用する上でのリスクは大きく、相場の大変動が長く続いた場合には、ヘッジの先物売買を追加したり、一部売り建玉の買い戻しを強いられることもあります。

2017年以降の31限月までにおける、SQ翌週の月曜日からSQ着地までの日経平均株価の高安データ（オプションの73参照）を基に、レシオ・スプレッドでの権利行使価格の差をいくらにするか考えましょう。

31回中、1000円以上の上昇は6回（うち2000円以上は2017年11限月の2161円の1回）、1000円以上の下落は8回（うち2000円以上は、2018年2限月の2749円と2019年1月限月の2443円）になります。

そのことから現在水準から1000円離れたオプションを買い、さらに1000円以上離れたオプション売りをイメージするとよいかもしれません。

この戦略は最大損失が無限大ですが、これは買いオプションの枚数の倍以上売っているせいであり、買いオプションはITMになっても、売りオプションの権利行使価格までは届かないことを前提とした戦略になります。

設定時の予想以上に相場水準が変わった場合には、外側の売りオプションの権利行使価格さえITMになる危険性がありますので、あらかじめ損切りする水準を考えておくべきでしょう。

レシオスプレッド戦略

差し引きのプレミアムで幅広く利益が得られる手法
　① ATM から近めのオプションを 1 枚買う
　②①より遠いオプションを 2 枚以上売る

①の近いオプション買いで ITM を狙う

利益：「**買いオプションの利益＋売りオプションの利益」で限定される**
損失：**買いヘッジ無しの売りのオプション売りがあるため無限大になる**

（例）**レシオ・スプレッドの例**
　　2019 年 8 月 13 日日経平均寄り付き 20432 円の時
　　コール側およびプット側それぞれでポジションをとったとする。
　　※オプションの 73 の高安データを元に考えるものとする

コール側レシオ・スプレッドの場合
09 月限 21500C　96 円 ×1 枚買い（1000 円上のコール買い）
09 月限 22500C　10 円 ×10 枚売り（2000 円上のコール売り）

最大利益：SQ22500 円の場合
1000 円[※1] －（96 円－ 10 円 ×10 枚）＝ 1004 円
損失：SQ が 22500 円以上だと無限大になる
※1　21500CのSQ値の清算価格が1000円

プット側レシオ・スプレッドの場合
09 月限 19500P150 円 ×1 枚買い（1000 円下のプット買い）
09 月限 18500P62 円 ×3 枚売り（2000 円下のプット売り）

09 月限 19500P　150 円 ×1 枚買い（1000 円下のプット買い）
09 月限 18500P　62 円 ×3 枚売り（2000 円下のプット売り）

最大利益：SQ が 18500 円の場合
1000 円[※2] －（150 円－ 62 円 ×3 枚）＝ 1036 円
損失：SQ が 18500 円以下だと無限大になる
※2　19500PのSQ値の清算価格が1000円

083

暴落暴騰相場を狙う
「バック・スプレッド」

ボラティリティの急騰で
儲ける大化け期待の戦略

ATMから近めのオプションの売りに加えて、さらに遠いオプションを2倍以上の枚数で買う戦略が「バック・スプレッド」です。

近めのオプション売りに主眼を置いて稼ぐのではなく、ボラティリティの急騰を狙って数円という遠いオプションを大量に買い、買いオプションの大化けを期待する戦略と言えます。

組む時に気をつけることは、ATMから近めのオプション売りの金額よりも、買いオプションの購入代金をより小さくしキャッシュアウトしないように組成することです。買いオプションの権利行使価格は遠く離しても可能な限り大量の枚数を買うことが、

ボラティリティの急騰時に大きく儲けるポイントとなります。

なお、中途半端な上昇や下落ではIVの上昇が伴わないので、場合によってはマイナス収益（売りオプションがITMで、買いオプションがOTMの状態）になることもあります。IVが急騰するような相場になった時には、OTMのオプションの上昇率はATMに近いオプションより圧倒的に大きくなります。バック・スプレッド戦略は、その特性を利用して、買いオプションの枚数の多さで利益を狙うものです。ただし、IVは急騰後に急落することがあるので、利益が出たら粘らず途中で利益確定することが重要です。

バック・スプレッド戦略

ボラティリティの急騰急落を狙う手法
① ATM から近めのオプション売りで 1 枚売る
②①より遠いオプション買いを 2 枚以上買う
③売りの代金以下に買い代金を抑える（初期投資でキャッシュインにする）

遠いオプションを買うことで大化けを狙う

利益：無限大
損失：「権利行使価格の差－設定時のキャッシュイン分」で限定される

大幅な急騰、急落で、IV の猛烈な上昇が起きた場合に大化けする可能性がある。
ただし中途半端な値動きで売りオプションが ITM になり、買いオプションが利益にならないと損失となる

（例）バック・スプレッドの例

2019 年 8 月 30 日のナイトセッション終了時
9 月限先物 20660 円　残存日数 2 週間

① 9 月限 21000C 110 円 ×1 枚売り
（IV 15.38 、デルタ 0.2945 、ガンマ 0.00057 、ベガ 13.458 、セーター 7.080）

② 9 月限 22000C 3 円 ×30 枚買い
（IV 15.1 、デルタ 0.0145 、ガンマ 0.00006 、ベガ 1.439 、セーター 0.792）

組成時の支払い（キャッシュイン）はプラスになっている
110 円－ 90 円＝ 20 円 ×1000 ＝ 2 万円

●週明けの寄り付きで 1000 円のギャップアップが起きた場合 IV が 8%上昇

① 1000 円（上昇分）×0.2945 ＝ 294.5 円（デルタ分）
1000 円 ×1000 円 ×0.00057÷2 ＝ 285 円（ガンマ分）
8（IV）×13.458 ＝ 107.664 円（ベガ分）
294.5 ＋ 285 ＋ 107.664 － 7.08（セータ分）＝ 680.084 円
(デルタからセータまでの総計)
680.084 ＋ 110（現在プレミアム）＝ 790.084 円（将来的プレミアム）
790.084×1 枚 ×1000（オプション倍率）≒ 79.01 万円の売り評価

② 1000 円（上昇分）×0.0145 ＝ 14.5 円（デルタ分）
1000 円 ×1000 円 ×0.00006÷2 ＝ 30 円（ガンマ分）
8（IV）×1.439 ＝ 11.512 円（ベガ分）
14.5 ＋ 30 ＋ 11.512 － 0.792（セータ分）＝ 55.22 円
(デルタからセータまでの総計)
55.22 ＋ 3（現在プレミアム）＝ 58.22 円（将来的プレミアム）
58.22 円 ×30 枚 ×1000（オプション倍率）＝ 174.66 万円の買い評価

決済すると 174.66 万円－ 79.01 万円＝ 95.65 万円（キャッシュイン）

084

コールのIVの上昇から利益を狙う「プロテクティブ・コール」

225先物ミニ売り＋コール買い

上昇相場でコールのIVの上昇を見込んで利益を狙うには、225先物ミニの売りにコール買いを追加するプロテクティブ・コール戦略があります。

例えば225先物ミニの売りポジションを持っている時に、急激な相場の上昇に備えてヘッジのコール買いを追加するとします。その場合、コール買いの権利行使価格はミニ先物の売り水準よりもさらに上の権利行使価格を選択します。

売っている225先物ミニのマイナスデルタと、コール買いのプラスデルタを合計してほぼ等しくし、ポジションデルタは±0のニュートラルで組むことがポイントです。

相場の方向は上下どちらに動いても、思惑通りにIVが上昇すれば、利益が出ます。投資のタイミングは出来高が増えて相場が上昇している時で、そういう時は先高感が高まり一段高を警戒する動きになりやすいのです。

一方で、高まった先高期待が現実のものとならずに、大きな反落となり失望売りを誘うような相場になった場合でも、IVは上昇することがあります。この戦略が失敗するパターンとしては、IVの上昇が起きないような穏やかな相場となり、前日比で変化がなくなった時です。その場合はミニの売りポジションの損益はほとんど動かず、買い付けたコールオプションのIVが低下してプレミアムが小さくなった分がマイナスとなります。

プロテクティブ・コール戦略

上昇相場でコールの IV が上昇するのを見込む時に用いる手法
①先物の売りを建てて、②のコールの買いで両建てする
②①よりも上の権利行使価格のコールを買いを行い、ポジションデルタを 0 (ニュートラル) にする

利益：暴騰暴落などの大きな値動きで IV が上昇すると利益が大きくなる
利益の範囲：相場の変動幅と IV の上昇幅による

損失：膠着または揉み合い相場で IV が低下すると損失となる
損失の範囲：相場の変動幅と IV の低下幅による

Section.6 オプション・手法

216

（例）**プロテクティブ・コールの例**

2019 年 8 月 30 日ナイトセッション終了時 9 月限先物 20660 円残存日数 2 週間

① 9 月限 225 先物ミニ　20660 円 ×9 枚売り　デルタは－ 0.9
　更なる上昇を警戒して、コール買いのヘッジを入れる
　ポジションデルタを 0 にするために、デルタ +0.9 分さらに上のコール買いを追加

② 09 月限 21250C　44 円 ×6 枚買い　デルタは +0.9192（0.1532×6）
　（IV 14.28 、デルタ 0.1532 、ガンマ 0.00042 、ベガ 9.234 、セーター 4.613 ）

●**その後週明けに 300 円のギャップアップで始まった場合**

①300 円（上昇分）× － 9 × 100（ミニ倍率）27 万円の先物評価損

②300 円（上昇分）×0.1532 ＝ 45.96 円（デルタ分）
　300 円 ×300 円 ×0.00042÷2 ＝ 18.9 円（ガンマ分）
　IV が 2% 上昇したとすると
　2×9.234 ＝ 18.468 円（ベガ分）
　45.96 ＋ 18.9 ＋ 18.468 － 4.613（セータ分）＝ 78.715 円
　(デルタからセータまでの総計したプレミアムの上昇)
　78.715 ＋ 44（現在プレミアム）＝ 122.715 円 (将来的プレミアム)
　（122.715 円－ 44 円）※ ×6 枚 ×1000（オプション倍率）≒ 47.22 万円の評価益
※将来的なプレミアムの中に現在のプレミアムが含まれるため引く

　トータルの損益として、47.22 万円 － 27 万円で 20.22 万円の利益となる

●**その後の週明けで 300 円のギャップダウンで始まった場合**

①－ 300 円（下落分）× － 9 枚 ×100（ミニ倍率）＝ 27 万円先物評価益

②－ 300 円（下落分）×0.1532 ＝ － 45.96 円（デルタ分）
　（－ 300 円 × － 300 円）×0.00042÷2 ＝ 18.9 円（ガンマ分）
　IV が 2% 上昇したとすると
　　2×9.234 ＝ 18.468 円（ベガ分）
　－ 45.96 ＋ 18.9 ＋ 18.468 － 4.613（セータ分）＝ － 13.205 円
　（デルタからセータまでの総計したプレミアムの下落）
　－ 13.205 ＋ 44（現在プレミアム）＝ 30.795 円（将来的プレミアム）

　（30.795 円 － 44 円※）×6 枚 ×1000（オプション倍率）≒ 7.92 万円の評価損
※将来的なプレミアムの中に現在のプレミアムが含まれるため引く

　トータルの損益として 27 万円－ 7.92 万円＝ 19.08 万円の利益となる

プットでのIVの上昇から利益を狙う「プロテクティブ・プット」

225先物ミニ買い+プット買い

下落相場でプットのIVの上昇を見込む戦略には、225先物ミニの買いにプット買いを追加するプロテクティブ・プット戦略があります。

例えば先物の買いポジションを持っている時に、急激な下落に備えて、ヘッジのプット買いを追加します。プット買いの権利行使価格は、先物買い水準よりもさらに下のは権利行使価格のオプションを選択します。

プット買いのマイナスデルタと、買っている225先物ミニのプラスデルタを合計してほぼ0にし、ポジション全体のデルタを±0のニュートラルで組むことがポイントです。もし、デルタニュートラルにしておかないと、デルタの偏りが損益に影響してきます。

相場の方向性は上下どちらに大きく動いても、思惑通りにIVが上昇すれば、ポジション全体では利益が出ます。一方で、思惑とは逆に相場水準が大して変わらず、オプションのIVが逆に低下するような場合には、損失となります。

プロテクティブ・プット戦略

下落相場でプットの IV が上昇するのを見込む時に用いる手法
①先物の買いに合わせ、②プットの買いで両建てにする
②①よりも下の権利行使価格のプットを買い、ポジションデルタを 0（ニュートラル）にする

利益：暴騰暴落といった大きな値動きがあり IV が上昇すると利益が大きくなる
利益の範囲：相場の変動幅と IV の上昇幅による

損失：膠着または揉み合い相場で IV が低下すると損失となる
損失の範囲：相場の変動幅と IV の低下幅による

（例）**2019 年 8 月 30 日　ナイトセッション終了時**
9 月限先物　20660 円　残存日数 2 週間

① 9 月限 225 先物ミニ　20660 円 ×10 枚買い　デルタは +1.0
ポジションデルタを 0 にするためにデルター 1.0 分の下のプット買いを追加

② 09 月限 19750P　55 円 ×8 枚買い　デルタはー 1.02（ー 0.1276×8）
（IV 21.72、デルター 0.1276、ガンマ 0.00025、ベガ 8.156、セーター 7.104）

●**週明けに 300 円のギャップダウンで始まった場合**

①ー 300 円（下落分）× ＋ 10 枚 ×100（ミニ倍率）＝ ー 30 万円の先物評価損

②ー 300 円（下落分）× ー 0.1276 ＝ 38.28 円（デルタ分）
（ー 300 円 × ー 300 円）×0.00025÷2 ＝ 11.25 円（ガンマ分）
IV が 2%上昇したとすると
　2×8.156 ＝ 16.312 円（ベガ分）
　38.28 ＋ 11.25 ＋ 16.312 ー 7.1（セータ分）＝ 58.742 円
（デルタからセータまでの総計によるプレミアムの上昇）
　58.742 ＋ 55（現在のプレミアム）＝ 113.742 円（将来的なプレミアム）
（113.742 円ー 55 円※）×8 枚 ×1000（オプション倍率）≒ 47 万円の評価益
※将来的なプレミアムの中に現在のプレミアムが含まれるため引く

トータルの損益として 47 万円ー 30 万円＝ 17 万円の利益となる

●**週明けに 300 円のギャップアップで始まった場合**

① 300 円 (上昇分)×10 枚 ×100（ミニ倍率）＝ 30 万円の先物評価益

② 300 円（上昇分）× ー 0.1276 ＝ー 38.28 円（デルタ分）
（300 円 ×300 円）×0.00025÷2 ＝ 11.25 円（ガンマ分）
IV が 2%上昇したとすると
　2×8.156 ＝ 16.31 円（ベガ分）
　ー 38.28 ＋ 11.25 ＋ 16.312 ー 7.1（セータ分）＝ ー 17.818 円
（デルタからセータまでの総計によるプレミアムの下落）
　ー 17.818 ＋ 55（現在のプレミアム）＝ 37.18（将来的なプレミアム）
（37.18 円 ー 55 円※）×8 枚 ×1000（オプション倍率）≒ ー 14.25 万円の評価損
※将来的なプレミアムの中に現在のプレミアムが含まれるため引く

トータルの損益として 30 万円ー 14.25 万円＝ 15.75 万円の利益となる

両建て戦略
「カバード・コール」のやり方 ①

上昇相場になりそうなときに使用する

　先物買いに併せてコール売りを行うことで両建てのポジションにするカバード・コールは、2つのやり方があります。

　まずは、そのひとつデルタを傾ける手法について、説明しましょう。

　OTMのコール売り1枚に対し、225先物ミニで10枚（225先物ラージを1枚でもよい）を買い、デルタをプラスに傾けて相場の上昇に期待する手法です。

　この手法は225先物ミニの10枚買いの値下がりリスクをコールの売り代金でカバーするもので、投資スタンスとしては225先物の買いが主役で、相場の上昇に期待が持てる時に使います。

　ちなみに、カバード・コールとは逆に値下がりを目的とした先物売り+プット売りの両建て戦略はカバード・プット戦略と呼ばれます。

　例えば日経225先物が20660円の時に、一方の日経平均株価が21000円まで上昇する見通しがある場合は、225先物ミニ10枚を買って勝負するのもひとつの手ですが、予想が外れて相場が下落した時は損失は大きくなります。そのような時に予想した日経平均株価の権利行使価格である21000Cを値下がりの保険として売るのです。

　カバード・コールを行うことで、最大利益は限定されますが、予想が外れた場合の損失は、コール売りの代金値下がりによって一部をカバーをしてくれます。一方で損失は無限大になります。

　なお、このやり方（ラージ1枚買い+コール1枚売り）は、ITMの21000Pを1枚売っているのと同じ結果のポジションになりますが、日経先物が20660円の時の21000Pは、プレミアムが高くなるため流動性が低く、単純にプット売りをするよりも、カバード・コールにしておいた方が実用的と言えます。

カバード・コール戦略

先物の買いと同枚数のコールオプションの売りを両建てするやり方

（例）2019 年 8 月 30 日ナイトセッション終了時 9 月限先物 20660 円残存 日数 2 週間
9 月限 21000C 110 円 ×1 枚売りデルター 0.2775
9 月限 225 先物ミニ 20660 円 ×10 枚買い デルタは +1.0

ミニ 10 枚の値下がりリスクをコール売り代金 110 円分だけヘッジ
ポジションデルタは +0.7225 ミニ先物 7 枚買いのリスクに相当する

最大利益：SQ 時の 21000 円以上
先物の値上がり分：34 万円 + コール売り代金 +11 万円で合計 45 万円
最大損失：無限大

相場の上昇に見通しがあるときに使う戦略

この戦略はプットを 1 枚単独で売っているポジションと同じ
9 月限 21000 プット 450 円 ×1 枚売り
（450 円のプレミアムのプット売りは流動性が低いので実用的ではない）

最大利益：45 万円
最大損失：無限大

両建て戦略
「カバード・コール」のやり方 ②

範囲内に収まると
考えたときに使用する

　オプションの86で解説したカバード・コールの2つあるやり方のもうひとつはデルタニュートラルで行う方法です。

　これはOTMのコール売りのデルタと同等の225先物ミニを買うというものです。

　こちらはコール売りが主役で利益につながります。225先物ミニはリスク回避的な意味合いで用いられます。

　ポジションデルタはニュートラルになるように行い、日経平均株価が上昇すれば225先物ミニを買い増し、下落すれば225先物ミニの買い枚数を減らすことで、デルタをほぼニュートラルに近い状態を維持します。ニュートラルを維持するということですから、この手法は相場の方向にそれほど自信がない時に用いられます。

　例えば日経平均株価が20660円の時に、21000円までは上昇するかもしれないが、21500円まではいかないと想定する場合は、21500Cを10枚売り、それと同等のデルタの225先物ミニを買うのです。

　ポジションデルタをニュートラルで維持していれば、コールのIVが上昇しなければセータ分は確実に利益になります。このやり方のカバード・コールは、素直に上昇トレンドが出た場合にはミニ先物が利益となるのに加え、売ったコールの権利行使価格まで日経平均が上昇しなければ、コール売りの代金も利益として上乗せされます。ただし、想定以上に日経平均が上昇すると今度は売っているコールがITMになるリスクが出てきますので、その点は早めのロスカットなど対応策を考える必要がでてきます。

　なお、このやり方は相場が上下にこまめに動くと、デルタをニュートラルにする作業の手間がかかる欠点があります。

カバード・コール戦略

デルタニュートラルを維持した OTM コール売り + 同等のミニ先物買い

（例）**2019 年 8 月 30 日ナイトセッション終了時 9 月限先物 20660 円残存日数 2 週間**
09 月限 21500C 18 円 ×10 枚売り　デルター 0.07×10 枚＝－ 0.7
09 月限 225 先物ミニ 20660 円 ×7 枚買い デルタ +0.7
予想の範囲内に収まる水準の権利行使価格のコールオプションを売る

225 先物ミニを 7 枚買い、値下がりリスクとして 21500C 売りでカバーする目論見

建玉後の進め方
コール売りのデルタと同等の 225 先物ミニを売買し、
デルタニュートラルになるように維持調整する

日経平均株価の上昇→ 225 先物ミニを買い増し
日経平均株価の下落→ 225 先物ミニの枚数を減らす

ポジション全体のデルタは、ほぼ 0 に近い状態を維持する
相場が膠着し、IV も上昇しなければ、確実にコール売りのセータ分は利益になる

相場の方向に自信がない時に用いる戦略

088

日経平均株価の着地点が見通せる時期

SQ3週間前の時点で70%の確率で着地する

　次のSQまで5週月と4週月などの間隔がありますが（オプションの36参照）、その限月の日経平均株価の強弱が見えてくるのは、おおむね前回SQ算出を通過した後に1、2週間経ってからです。

　過去のSQ着地点を検証してみると、2017年以降のSQ算出（31回分）では、残り3週間時点の金曜日の終値が、前回のSQより高ければ次の着地も上方向、低ければ次の着地も下方向との傾向が出ています。

　このパターンに当てはまっていた

のは、31回中22回で確率は約70%となっています。

　途中、日経平均株価の上下はありますが、この傾向を知った上でSQに向けてポジションを徐々に積み増していけば、大きく相場を見間違う可能性が減少するでしょう。3週間前の時点で、次のSQ着地点が7割の確率で見通せる傾向があるのなら、これは結構なアノマリーと言え、頭の片隅に入れておいて損はないでしょう。

前回のSQと次のSQ3週間前から見る今後の見通し

2017年1月SQ以降、残り3週間になった金曜日の終値が、前回SQ値よりも上か下かで次のSQ着地の傾向を調べる

↓

前回SQ値に対して、3週間前と次SQ値が同じトレンドになる確率は7割

↓

残存日数3週間以降のポジション積み増しの参考にする

↓

例えば、2019年1月SQは20290円の場合、
3週間前の金曜日終値は、20666円で20290円よりも高いので、その方向に合わせてポジションの積み増しを考慮することができる。

SQ値の推移と前回比SQ値の推移と前回比

限月	前回SQ	3週前	次SQ	トレンドの一致
201701	19182	19137.91	19276	×
201702	19276	19234.62	19434	×
201703	19434	19262.53	18613	○
201704	18613	18620.75	19991	○
201705	19991	19590.76	19997	×
201706	19997	20132.67	20151	○
201707	20151	20099.75	19825	○
201708	19825	19470.41	19278	○
201709	19278	20296.45	20957	○
201710	20957	21457.64	22531	○
201711	22531	22396.8	22590	×
201712	22590	22902.76	23723	○

限月	前回SQ	3週前	次SQ	トレンドの一致
201801	23723	23808.06	21190	×
201802	21190	21720.25	21575	○
201803	21575	20617.86	21853	×
201804	21853	22162.24	22621	○
201805	22621	22930.36	22825	○
201806	22825	22516.83	22452	○
201807	22452	22697.88	22655	○
201808	22655	22601.77	23057	×
201809	23057	23869.93	22313	×
201810	22313	22532.08	22469	○
201811	22469	21646.55	21618	○
201812	21618	20166.19	20290	○

限月	前回SQ	3週前	次SQ	トレンドの一致
201901	20290	20666.07	20481	○
201902	20481	20900.63	21348	○
201903	21348	21627.34	21870	○
201904	21870	22200.56	21451	×
201905	21451	21117.22	21060	○
201906	21060	21258.64	21742	○
201907	21742	21466.99	20855	○
201908	20855	20710.91	21981	×

※濃いグレー:前回SQより上昇
　薄いグレー:前回SQより下落

ギャップアップ時のコール 売りのロスカットの方法

分散してロスカット する方がよい

　市場オープニングからのギャップアップによる上昇相場で、コール売りをしていた場合、ロスカットを迫られる時があります。この場合は、寄り付きで全枚数をロスカットせず、相場の落ち着きを待ってからロスカットを行います。

　仮に相場の方向に大きな変化が生じたと認め、売っているコールオプションを当日中に全てロスカットしてしまおうと決めている場合でも、寄り付き直後に一発で買い返済にいくの

ではなく、回数と時間を分散してロスカットするよう工夫しましょう。

　オプションのIVの急騰度合いを日経平均株価の上昇時、下落時で比較してみると、下落時の方がIVの高まりは堅調になりやすいのです。

　投資家心理として、上昇時は利益確定売りも出ますし、新規で買うにしても比較的冷静に考えてから行動を起こそうとするため、ショートカバーの一巡後は押し目が入ることが多いのです。

オープニングからのギャップアップ

ギャップアップによりロスカットに迫られた場合
コール売りの場合、寄り付きで全枚数をロスカットしない

⬇

コールの上昇相場は落ち着くのも早い傾向がある

⬇

当日中に全てロスカットしてしまおうと決めている場合でも
回数と時間も分散してロスカットする

⬇

オプションのIVの急騰度合いを比較確認する
日経平均株価の上昇、下落時で比較すると下落時の方が圧倒的にIVの高まりが堅調

⬇

投資家心理
上昇相場時は利益確定売りも出る。
寄り付きのショートカバー一巡後は押し目が入ることが多い

ギャップダウン時のプット売りのロスカットの方法

建玉を減らすことを優先する

不測の事態が発生し、相場が大きくギャップダウンして始まるリスクオフの相場では、プットオプションの寄り付き値がその日の安値で終了することは少なく、プレミアムがさらに跳ね上がる傾向があります。

よってコール売りの時とは違い、早めのロスカットを心掛けます。

ギャップダウンでIVが急上昇すると、自動的に建玉を減らすといった機関投資家ルールがあるため、大口の主体からは売り注文が機械的に出されることになり、売りが売りを呼ぶ展開にもなりやすくなります。

もしもサーキットブレーカーが発動するような下げ幅が拡大する事態にでもなったら、早めの決済をしておかないと逃げようがなくなります。

よって寄り付き付近で建玉をまず半分程度に減らし、その後は状況に応じて残り半分を減らすようなロスカット発注のやり方がよいでしょう。　下落時に危ないと思った時は、まずポジションリスクを低下させる（建玉を減らす）ことを第一優先としましょう。

オープニングからのギャップダウン

ギャップダウンによりロスカットに迫られた場合
プット売りの場合、早めのロスカットを心掛ける
（寄り付き付近でまずポジションを半減させ、残り半分は状況次第で減らす）

↓

オプションのIVが急騰すると市場のボラティリティの高まりから、機械的に注文をだす機関投資家もいるため、売りが売りを呼びやすくなる

↓

サーキットブレーカーが発動すると逃げ場がなくなる

日経225 175の稼ぎ方
〜株価指数先物・オプション投資〜

2020年6月30日 発行

著者	堀川秀樹
カバー・本文装丁	越智健夫
DTP・図版作成	株式会社ニホンバレ
イラスト	伊藤キイチ

発行人	佐藤孔建
編集人	梅村俊広
発行・発売	〒160-0008
	東京都新宿区
	四谷三栄町12-4 竹田ビル3F
	TEL：03-6380-6132
印刷所	三松堂株式会社

堀川秀樹

日興証券出身。運用開発部デリバティブ開発課において裁定取引やデリバティブ取引の売買手法の開発と実運用を行う。開発した取引手法の利益は数年で10億円超。その後、投資工学研究所や株式ディーラーなどを経て、ひまわり証券へ転籍。投資情報室室長として日本の個人投資家に「日経225先物＆オプション取引」「システムトレード」を普及させたことから業界で「Mr.デリバティブ」と呼ばれる。2011年独立、フェアラインパートナーズ代表取締役に就任。

●本書の内容についてのお問い合わせは、下記メールアドレスにて、書名、ページ数とどこの箇所かを明記の上、ご連絡ください。ご質問の内容によってはお答えできないものや返答に時間がかかってしまうものもあります。予めご了承ください。
●お電話での質問、本書の内容を超えるご質問などには一切お答えできませんので、予めご了承ください。
●落丁本、乱丁本など不良品については、小社営業部（TEL:03-6380-6132）までお願いします。
e-mail：info@standards.co.jp

Printed in Japan

お読みください

株価指数先物およびオプション投資は、レバレッジを利用した証拠金取引です。資金を超える損失が発生するリスクを伴います。
本書は情報の提供を目的としたもので、その手法や知識について、勧誘や売買を推奨するものではありません。
本書で解説している内容に関して万全を期しておりますが、その情報の正確性及び完全性を保証するものではありません。
製作、販売、および著者は、本書の情報による投資の結果に責任を負いません。
実際の投資にはご自身の判断と責任でご判断ください。